Persönlichkeits-entwicklung

Die beste Version Ihrer selbst werden

Das Buch für zielstrebige Anfänger. Wie Sie Ihre Ziele erreichen, Ihr Unterbewusstsein programmieren und Ihr Selbstbewusstsein stärken

Persönlichkeitsentwicklung – Die beste Version Ihrer selbst werden
1. Auflage: März 2021

ISBN: 979-8721416620

Impressum

PLD Publishing
საქართველო, თბილისი,
ნადიკვარის III ქუჩაქ, N 15

Inhaltsverzeichnis

EINLEITUNG 5

WARUM IST DIE PERSÖNLICHKEITSENTWICKLUNG SO WICHTIG? 8

SIE KENNEN SICH 9

SIE HABEN EIN GESÜNDERES SELBSTBILD UND MEHR SELBSTBEWUSSTSEIN 11

SIE WISSEN, WAS SIE WOLLEN 12

SIE GEHEN BESSER MIT RÜCKSCHLÄGEN IN IHREM LEBEN UM 13

SIE WERDEN ERFOLGREICHER SEIN 14

SIE WERDEN EMPATHISCHER 15

SIE WERDEN FREIER IM DENKEN UND IM HANDELN 16

WO UND WIE FANGEN SIE AN? 17

WAS IST EIGENTLICH DIE KOMFORTZONE? 18

OPTIMIEREN SIE IHRE DENKWEISE 26

VERSCHIEDENE MINDSETS 27

WIE SIE IHR MINDSET ÄNDERN 30

Seien Sie geduldig 31

Seien Sie abenteuerlustig 31

Seien Sie ein Realist 32

Gehen Sie richtig mit Rückschlägen um 33

WARUM HABEN MENSCHEN PROBLEME MIT DER PERSÖNLICHKEITSENTWICKLUNG?
.... 34

DIE ZIELE SIND NICHT KLAR DEFINIERT 35

TRÄUMEN SIE GROSS ODER TRÄUMEN SIE NICHT! 35

Definieren Sie Ihre Ziele 40

Teilen Sie die Ziele in kleine Etappen ein 42

DIE GEWOHNHEITEN UND DER INNERE SCHWEINEHUND 43

SIE GÖNNEN SICH DEN ERFOLG, DAS GLÜCK UND DAS WOHLBEFINDEN NICHT 46

SIE BEFINDEN SICH IN DER OPFERROLLE 48

SIE ÜBERNEHMEN KEINE SELBSTVERANTWORTUNG 50

SIE HABEN KEINE MOTIVATION 53

Wie kann ich mich motivieren? 54

Stellen Sie sich vor, wie das Gefühl ist, wenn Sie an Ihrem Ziel ankommen 55

Halten Sie Ihr Ziel schriftlich oder bildlich fest 56

Suchen Sie sich ein motivierendes Lied 56

Was ist mir bereits gelungen? / Welche Erfolge habe ich bereits erzielt? 57

Orientieren Sie sich an Vorbildern 58

DIE WAS-WÄRE-WENN-FALLE 60

„NEIN" SAGEN FÄLLT SCHWER 64

    Nehmen Sie sich Bedenkzeit 66

    Welchen Preis zahlen Sie, wenn Sie „Ja" sagen? 67

    Wie reagieren Sie, wenn jemand „Nein" sagt? 68

ALLES IST SCHLECHT – EINE NEGATIVE SICHT AUF DIE DINGE 70

    Hören Sie auf, sich selbst zu belügen 73

SCHEITERN ALS TEIL DES ERFOLGES 75

WIESO NEHMEN WIR UMWEGE? 76

ES IST EIN SCHLECHTER TAG, KEIN SCHLECHTES LEBEN! 78

SO WEIT BIN ICH SCHON GEKOMMEN 80

WENN SICH EINE TÜR SCHLIEẞT, ÖFFNET SICH EINE NEUE 83

NEHMEN SIE AUCH UNANGENEHME ABSCHNITTE AUF IHREM WEG IN KAUF 85

DIE MACHT DES UNTERBEWUSSTSEINS 89

MENTALE BLOCKADEN UND WIE SIE SIE LÖSEN 92

DIESE MENTALEN BLOCKADEN GIBT ES UND SO ERKENNEN UND LÖSEN SIE SIE 92

    Negative Glaubenssätze 94

    Verdrängte Emotionen 94

    Negative Gedanken 95

FEIERN SIE IHRE ERFOLGE 97

WIE SIE ERFOLGE AM BESTEN FEIERN 98

PERSÖNLICHKEITSENTWICKLUNG FÜR KINDER 99

REDEN SIE ÜBER GEFÜHLE 101

BEMERKEN SIE POSITIVE HANDLUNGEN 102

AUS NEGATIV WIRD POSITIV 102

LASSEN SIE IHR KIND NEUES AUSPROBIEREN 102

ICH HABE DICH LIEB! 103

PACKEN SIE IHR KIND NICHT IN WATTE 103

PERSÖNLICHKEITSENTWICKLUNG FÜR FRAUEN 104

SCHLUSSWORT 107

GESCHENK FÜR SIE 108

ANDERE BÜCHER VON JUAN CORTÉS 109

EINLEITUNG

Was will ich eigentlich im Leben? Mach ich gerade das, was ich immer machen wollte? Träume ich mein Leben oder lebe ich meinen Traum? Träume ich überhaupt und, wenn nein, wie weiß ich, was ich will und wie ich dort hinkomme?

Fragen über Fragen, welche ins Leere zu führen scheinen. Fragen, welche sich viele Menschen stellen. Die Wenigsten unter ihnen lassen die Fragen allerdings bewusst zu. Stattdessen schicken sie sie zurück in das Unterbewusstsein und versuchen, sie zu ignorieren. Ganz nach dem Motto: „Was ich nicht weiß, macht mich nicht heiß." Oder „Aus den Augen, aus dem Sinn" heißt es schließlich so schön, nicht wahr? Aber stimmt das? Verschwinden die Fragen wirklich? Oder sind sie doch präsent? Woher kommen diese Fragen? Wer hat die Festplatte in unserem Kopf mit diesen Zweifeln bespielt?

Kennen Sie das Gefühl, welches sich in Ihnen breitmacht, wenn Sie morgens aufstehen und in den Spiegel sehen, dabei jedoch in eine Maske blicken? Kennen Sie die kleine Stimme, die in Ihrem Inneren haust und danach fleht, beachtet zu werden? Diese Stimme ist Ihr Unterbewusstsein, welches mit aller Kraft versucht, Sie auf Ihr wahres Ich aufmerksam zu machen. Es möchte Sie auf Ihre wahre Persönlichkeit aufmerksam machen, welche Sie unter den Masken ersticken. Masken, welche Sie tragen, weil Sie zu einem bestimmten Kreis dazugehören wollen, oder weil Sie Angst haben, für Ihre wahre Persönlichkeit und Meinung von anderen Menschen verachtet zu werden.

Lassen wir diese Fragen zu und stellen uns diese bewusst, merken wir, dass unser Leben nicht so ist, wie wir es uns vorgestellt haben. Stellen wir uns diese Fragen bewusst und konfrontieren uns mit ihnen, merken wir, dass die Lüge, welche wir leben, aus einem doch nicht so dicken Eis besteht, wie wir uns das immer vorgestellt haben. Wir stellen fest, dass das Eis im Gegenteil recht dünn ist und wir immer weiterlaufen und dabei gar nicht merken, wie sehr wir uns von uns selbst entfernen.

In Wahrheit führen die Fragen nicht ins Leere, sondern sie führen zu einem Ort, welchen wir seit Jahren vergessen zu scheinen haben – sie führen zu unserem Inneren, zu unserem wahren Ich und zu unserer wahren Persönlichkeit, in welcher ein unendlich großes Potential liegt.

Ihnen fällt es schwer, Entscheidungen zu treffen. Sie haben Angst davor, Ihre Meinung zu sagen und Ihre Gefühle zuzulassen. Sie leben in der ständigen Angst, von Ihren Mitmenschen verurteilt und ausgeschlossen zu werden. Wieso? Weil Sie keine Persönlichkeit haben? Weil Ihre Meinung nicht zählt? Nein! Sie haben eine Persönlichkeit und Sie haben eine Meinung, die zählt. Sie müssen schlicht und ergreifend lernen, diese Persönlichkeit zuzulassen, auszubauen und weiterzuentwickeln, Ihre Selbstliebe zu pflegen und ein damit zusammenhängendes Selbstwertgefühl entwickeln.

Es mag auf den ersten Blick klingen, als ob es einem Science-Fiction-Film entsprungen sei, doch wenn Sie sich auf das Thema einlassen, werden Sie merken, welch große Macht Ihr Unterbewusstsein hat und welche Rolle es in Bezug auf Ihr Wohlbefinden und auf den Menschen hat, dem Sie jeden Morgen im Spiegel ins Gesicht blicken. Wohin fällt Ihr Blick zuerst? Auf Ihr wunderschönes Lächeln? Oder sind es doch die Makel, welche Sie an sich entdecken und auf welchen Sie immer und immer wieder rumhacken?

Lernen Sie mit diesem Buch, wie Sie Ihre Persönlichkeit entwickeln, welche Vorteile die Persönlichkeitsentwicklung mit sich bringt und wieso sie so wichtig ist. Wieso ist es notwendig, dass Sie sich selbst Ihres unendlichen Wertes bewusstwerden und die Maske von Ihrem Gesicht nehmen? Wieso ist es so bedeutend, dass Sie die frische Luft auf Ihr Gesicht treffen lassen und keine Angst mehr vor dem kalten Wasser haben, weil Sie wissen, dass Sie schwimmen können? Wieso ist es so essenziell, dass Sie den Mund öffnen und für sich einstehen, weil Sie wissen, was Sie wollen?

Ganz einfach aus dem Grund, weil Sie es wert sind. Sie sind es wert, so geschätzt und geliebt zu werden, wie Sie sind. Sie sind es wert, erfolgreich, glücklich und zufrieden zu sein. Sie sind es wert, morgens mit einem strahlenden Lächeln auf Ihrem Gesicht aufzuwachen und sich an dem Spiegelbild zu erfreuen, welches Sie begrüßt. Genau diese Reise startet mit Ihnen. Wenn Sie sich selbst Ihres unendlichen Wertes und Ihres großen Potenzials bewusstwerden, sich selbst besser kennenlernen und sich auf die Reise der Persönlichkeitsentwicklung begeben, werden Sie sich nicht nur unglaublich wohl in Ihrer Haut fühlen, sondern auch die Dinge in Ihr Leben holen, welche Sie sich wünschen.

Es ist vollkommen legitim, ab und an auf der Stelle zu treten und es ist auch menschlich zu zweifeln. Nutzen Sie Pausen und Momente des Zweifels, um auf Ihr bisheriges Leben zurückzublicken und zu reflektieren, was Sie wollen, wohin Sie wollen und wie Sie dort hinkommen. Nutzen Sie Steine, welche Sie auf Ihrem Weg finden, um sich auszuruhen, jedoch niemals, um sich unter ihnen zu verstecken.

Sie müssen sich nicht verstecken. Sie sind gut, so wie Sie sind. Sie sind einzigartig, Sie sind wertvoll und Sie haben es verdient, geliebt und wertgeschätzt zu werden – in erster Linie von sich selbst! Denn Sie sind der Mensch, der Ihr ganzes Leben mit Ihnen verbringt. Sie sind der Mensch, der Sie 24 Stunden am Tag, 7 Tage die Woche und 365

Tage im Jahr begleitet. Sie sind der Mensch, dem Sie morgens im Spiegel entgegenblicken und Sie sind der Mensch, den Sie vor dem Einschlafen sehen. Stellen Sie sich in den Mittelpunkt Ihres Lebens und arbeiten Sie an Ihrem Glück. Ihr Glück, Ihr Erfolg und Ihr Wohlbefinden basieren allesamt auf der Entwicklung Ihrer Persönlichkeit.

Gehen Sie Ihren wahren Wünschen und Bedürfnissen auf den Grund, hinterfragen Sie Gedankenmuster und Werte, welchen Sie folgen. Fragen Sie sich selbst, welche Ziele Sie verfolgen und inwiefern Sie wirklich hinter ihnen stehen. Öffnen Sie sich, lernen Sie die unendlich große Macht des Unterbewusstseins kennen und freuen Sie sich auf ein vollkommen neues Lebensgefühl. Viel Spaß beim Lesen!

Ihr Juan Cortés

Warum ist die Persönlichkeitsentwicklung so wichtig?

Eine äußerst wichtige Frage, welche sich im Rahmen der Persönlichkeitsentwicklung stellt, ist jene danach, wieso sie eine so große Rolle spielt. Wieso beschäftigen sich so viele Menschen (unter ihnen zahlreiche Experten) mit der Entwicklung der Persönlichkeit? Gibt es nicht den bekannten und beliebten Spruch, dass Sie sich so lieben sollten, wie Sie sind? Wieso sollten Sie also etwas an sich ändern?

Die Antwort auf diese Frage finden Sie in der Tatsache, dass die Persönlichkeitsentwicklung nicht bedeutet, dass Sie sich verändern, sondern dass Sie sich weiterentwickeln und zurück zum Kern Ihres wahren Ichs kommen. Ihre Persönlichkeit zu entwickeln heißt, dass Sie die Masken abnehmen und aufhören, eine Rolle zu spielen.

Die unendliche Selbstliebe, welche Ihnen in diesem Moment vielleicht noch etwas schwerfällt, ist das A und O für Ihre Persönlichkeitsentwicklung und das Erreichen Ihrer Ziele. Sie können nicht eine Version hassen, welche Sie später lieben wollen. Sich zu akzeptieren und sich so zu lieben, wie Sie sind, heißt nicht, dass Sie aufhören, an sich zu arbeiten. Gehen Sie liebevoll mit sich um, geben Sie sich Zeit und arbeiten Sie an sich selbst, weil Sie sich lieben und nicht, weil Sie Ihre aktuelle Situation nicht ausstehen können und beim Blick in den Spiegel am liebsten laut losheulen würden.

Sie akzeptieren den Status Quo und nehmen ihn als Anlass, an Ihrer Persönlichkeit zu arbeiten. Sie sehen die Situation, in welcher Sie sich aktuell befinden, und wissen, dass durchaus noch Potenzial nach oben ist. Nehmen Sie diese positive Energie und nehmen Sie mit ihrer Hilfe die Masken ab und entfernen Sie den grauen Schleier, welcher Ihnen die Sicht versperrt.

Türen sind nie geschlossen, sondern Sie haben einfach nicht den Blick für sie gehabt. Sie tragen keine Gewitterwolke über sich, welche Ihnen das Leben schwermacht, sondern das Wasser brauchen Sie, um später wachsen zu können. Sie sind nicht das Opfer des Schicksals, welches es nicht gut mit Ihnen meint, und das Glück ignoriert Sie nicht, während es anderen Menschen mit offenen Armen entgegenläuft.

Schaffen Sie mit der Entwicklung Ihrer Persönlichkeit das Bewusstsein darüber, dass in jeder Situation etwas Positives steckt. Weiten Sie Ihren Blick für Wege, welche Sie zuvor nie gegangen wären, und fühlen Sie sich rundum wohl und glücklich mit sich selbst.

Inwiefern profitieren Sie nun von der Persönlichkeitsentwicklung? Seien Sie sich erst einmal darüber bewusst, dass jeder Mensch eine Persönlichkeit hat. Jeder Mensch ist auf seine ganz eigene Art und Weise unendlich wertvoll und besonders. Allerdings lassen nicht alle Menschen ihre Persönlichkeit zu, weil sie das Gefühl haben, nur mit einer Maske oder in einer Rolle akzeptiert und geliebt zu werden. Dabei vergessen wir oft, dass wir der erste Mensch sind, welcher uns bedingungslos lieben und ohne Bedingungen akzeptieren und annehmen sollte. Werden Sie sich bewusst darüber, dass Sie der wichtigste Mensch in Ihrem Leben sind und Sie Ihre Persönlichkeit für sich selbst entwickeln. Sie arbeiten nicht an sich selbst, um es anderen Menschen recht zu machen, sondern Sie starten diese wertvolle und spannende Reise, weil Sie sich mit sich selbst besser fühlen wollen. Sie wollen endlich verstehen, was Sie wollen und Sie wollen in den Spiegel sehen und sich bei dem Anblick freuen, weil alles in Ihrem Körper schreit: „Ich bin ich und ich bin gut so!"

Die Persönlichkeitsentwicklung bringt sehr viele positive Effekte mit sich, von welchen Sie auf allen Ebenen Ihres Lebens profitieren. Es fängt alles bei Ihnen an. Das klingt nach sehr viel Verantwortung, was im Grunde genommen auch nicht verkehrt ist. Sie haben Ihr Leben in der Hand. Sie sind der Regisseur Ihres Lebens und Sie entscheiden, in welche Richtung Sie fahren wollen. Sie sind nicht der Beifahrer, welcher sich vom Fahrer herumfahren lässt und das Leben einfach nur nebenbei erlebt, sondern Sie selbst sind der Fahrer, der die Richtung und vor allem die Schnelligkeit vorgibt.

Um welche Vorteile handelt es sich nun genau, wenn von den positiven Effekten der Persönlichkeitsentwicklung die Rede ist? Grundsätzlich können Sie die vielen Vorteile in mentale und körperliche Effekte einteilen. Die mentalen Vorteile werden Sie dabei deutlich schneller zu spüren bekommen, während sich die körperlichen Vorteile etwas später einstellen.

SIE KENNEN SICH

Wer sind Sie? Die Antwort auf diese Frage finden Sie nicht auf Ihrem Personalausweis, auf welchem sich Ihr Vorname, Nachname, Anschrift und das passende Foto befinden. Wer sind Sie? Stellen Sie sich bewusst die Frage. Stellen Sie sich vor den Spiegel und fragen Sie sich: „Weiß ich wirklich, wer ich bin?" In diesem Zusammenhang kommt auch die Frage auf: „Weiß ich, was ich will?"

Zwei kleine Fragen, welche auf den ersten Blick recht einfach zu beantworten sind. Auf den zweiten Blick dringen die beiden Fragen jedoch tief in Ihr Innerstes ein. Die Fragen berühren den tiefsten Kern Ihres wahren Ichs und fordern Sie dazu auf, an sich zu arbeiten und sich mit Ihrer aktuellen Situation auseinanderzusetzen. Folglich ist ein sehr wichtiger Aspekt der Persönlichkeitsentwicklung die Tatsache, dass Sie bereit dazu sind, an sich zu arbeiten und die Maske abzunehmen, hinter welcher Sie sich vielleicht augenscheinlich schützen, in Wahrheit aber nach und nach ersticken.

Schauen Sie mit der Maske auf dem Gesicht in den Spiegel und stellen Sie sich die Frage: „Wer bin ich?", fällt die Antwort leicht. Sie nehmen die Rolle der Maske ein, welche auf Ihrem Gesicht klebt und Ihr wahres Ich verbirgt. Allerdings lautet die Antwort auf diese Frage nicht „Ich bin…", sondern „Ich spiele die Rolle dieser Maske, welche ich aktuell trage!".

Der bekannte und beliebte Schriftsteller William Shakespeare hat einmal gesagt, dass die Welt eine Bühne und jeder Mensch ein Schauspieler ist, welcher mit dem Start des Lebens auf die Bühne tritt und am Ende seines Lebens auf der anderen Seite wieder von ihr geht.

Nun mag es durchaus stimmen, dass die Welt eine Bühne ist und Sie sich in bestimmten Situationen anpassen müssen. Allerdings heißt das nicht, dass Sie sich verstellen und Ihr wahres Ich verstecken sollen! Im Gegenteil – um in der schnelllebigen Welt, in welcher wir heute leben, glücklich, erfolgreich und zufrieden zu sein, stellt die wohl wichtigste Voraussetzung ein gutes und gesundes Selbstbewusstsein dar. Dieses wiederum basiert auf der Persönlichkeitsentwicklung und der Antwort auf die Frage: „Wer bin ich?"

Nehmen Sie sich Zeit, um eine Antwort auf die Frage zu finden. Sie werden merken, dass es alles andere als einfach ist, eine Antwort zu finden, mit welcher Sie sich vollkommen zufriedengeben. Wissen Sie wirklich nicht, wer Sie sind, oder verdecken Ihnen der graue Schleier und die etwas zu eng geschnittene Maske die Sicht auf Ihren wahren inneren Kern?

Ganz egal, wie gut Sie eine Rolle spielen und wie gut Sie sich anpassen – keine Maske wird je so gut sitzen und Ihnen die Freiheit geben, welche Sie genießen, wenn Sie Ihrem wahren Ich auf die Spur kommen und dieses zulassen, fördern und immer weiterentwickeln.

Genau das wollen wir mit diesem Buch erreichen. Am Ende unserer Reise werden Sie wissen, wie Sie die Frage „Wer bin ich?" beantworten können.

Sie haben ein gesünderes Selbstbild und mehr Selbstbewusstsein

Wie war das gleich nochmal? Gab es da nicht ein Lied, aus welchem die bekannte Zeile „Lass die Leute reden" (von den Ärzten) stammt?

So sehr Sie es sich auch wünschen, die Kommentare oder Blicke Ihrer Mitmenschen zu ignorieren – nicht immer, oder besser gesagt, in den seltensten Fällen gelingt Ihnen dieses Vorhaben. Wieso?

Sie werden merken, dass die Vorteile der Persönlichkeitsentwicklung sehr eng miteinander verbunden sind und viele der Vorteile kaum voneinander abgegrenzt werden können. Die Linie zwischen den einzelnen Vorteilen ist fließend, sodass viele Dinge ineinanderlaufen und miteinander zu tun haben. Ein gutes Beispiel finden Sie im Selbstbewusstsein, welches darauf aufbaut, dass Sie wissen, wer Sie sind.

Lassen Sie sich das Wort „Selbstbewusstsein" einmal auf der Zunge zergehen. Aus welchen beiden Wörtern setzt es sich zusammen? Aus dem Wort „Selbst" und dem Wort „Bewusstsein". Viele Menschen wiegen sich in der falschen Sicherheit des Selbstbewusstseins, welches sie durch das Tragen einer Maske erhalten. Sie haben das Gefühl, dass sie ihr wahres Ich verstecken müssen und fühlen sich somit deutlich sicherer, wenn sie die Maske auf ihrem Gesicht tragen. Allerdings heißt das nicht, dass sie selbstbewusst sind und selbstbewusst auftreten. Selbstbewusstsein strahlen sie nur dann aus, wenn sie sich ihrer selbst wirklich bewusst sind. Sind Menschen sich ihres wahren Ichs und den damit im Zusammenhang stehenden Stärken, Wünschen und Zielen bewusst, haben sie ein gesundes Selbstbild von sich selbst, lassen sich von Fremdbildern nicht mehr beeinflussen und strahlen ein gesundes Selbstbewusstsein aus.

Das Fremdbild stellt immer das Bild dar, welches andere Menschen von Ihnen haben. Das kann mit Ihrem Selbstbild übereinstimmen und, in einigen Fällen, kann es auch das vollkommene Gegenteil sein. Ganz egal, wie andere Menschen Sie wahrnehmen – wenn Sie sich Ihrer selbst bewusst sind, lassen Sie sich nicht mehr von Blicken beeinflussen oder von Kommentaren verunsichern. Sie werden auch feststellen, dass sehr viele „Blicke" und „Bewertungen" anderer Menschen Frucht Ihrer Imagination sind. Sie sind so davon überzeugt, dass Sie keinen Selbstwert haben, dass Sie ohnehin das Opfer des Schicksals sind und das Leben einfach so annehmen müssen, wie es ist, sodass Ihnen Ihr Unterbewusstsein einen Streich spielt. In jedem Menschen sehen Sie jemanden, der Sie bewertet oder schief ansieht, wobei diese Vorstellung lediglich

Ihren eigenen inneren Zustand widerspiegelt. Sie sehen in anderen Menschen nur Ihre eigene innere Einstellung Ihrer selbst gegenüber.

Fühlen Sie sich nicht wohl, treten Sie sich selbst wertend gegenüber und richten den Blick immer auf die Schwächen und negativen Aspekte, wirkt sich das auch darauf aus, wie Sie Ihre Mitmenschen wahrnehmen. Sie fühlen sich bewertet und vom Fremdbild beeinflusst. Entwickeln Sie hingegen Ihre Persönlichkeit, werden sich Ihres Wertes bewusst und strahlen folglich auch Selbstbewusstsein aus, werden Sie merken, dass die meisten Menschen Sie gar nicht bewerten und verurteilen. Selbst wenn, stehen Sie mit Ihrem Selbstbewusstsein über diesen Menschen. Negative und wertende Energien brauchen Sie nicht in Ihrem Leben! Sie konzentrieren sich auf die positiven Aspekte.

SIE WISSEN, WAS SIE WOLLEN

Wenn Sie wissen, wer Sie sind, wissen Sie automatisch auch, was Sie wollen. Es gibt eine Metapher, welche von einem Taxi und einem unentschlossenen Beifahrer erzählt.

Sie sind der Beifahrer eines Taxis. Sie steigen ein und sagen dem Taxifahrer, wohin die Reise gehen soll. Der Taxifahrer fährt los. Auf einmal ändern Sie Ihr Ziel und bitten ihn, eine andere Straße zu nehmen, um Sie zu einem anderen Ort zu bringen.

Da es durchaus vorkommen kann, dass man seine Meinung ändert, nickt der Taxifahrer und ändert seine Route, um Sie zu einem anderen Ort zu fahren. Auf einmal ändern Sie wieder Ihre Meinung. Sie wollen doch nicht mehr zu dem Ziel, sondern bitten den Taxifahrer erneut, die Route zu ändern.

Der Taxifahrer ist inzwischen etwas genervt, ändert jedoch trotzdem seine Route. So geht das immer weiter. Sie können sich einfach nicht entscheiden oder wissen nicht wirklich, was Sie eigentlich wollen. Sie wissen nicht, wo die Reise hingehen soll, sodass Sie der Taxifahrer nach einiger Zeit bittet auszusteigen und ihn für die gefahrene Strecke zu entlohnen. Sie stehen an einem Ziel, welches Sie dem Taxifahrer zuvor genannt haben, wollen dort aber eigentlich nicht wirklich sein, haben viel Zeit und Geld verloren und sind nicht glücklich. Gleichzeitig wissen Sie nicht, wo Sie sonst hinsollen und geben sich demnach mit dem erreichten Ziel zufrieden.

Dieses Beispiel verdeutlicht sehr gut, was passiert, wenn Sie nicht wissen, was Sie wollen und einfach ins Blaue schießen. Verstehen Sie das nicht falsch – es kann durchaus gut enden, wenn Sie einfach ohne genau bestimmtes Ziel starten und sehen, was der Weg mit sich bringt. Allerdings stellt eine wichtige Voraussetzung für den Weg ins Ungewisse die Tatsache dar, dass Sie sich selbst kennen, Ihr wahres Ich zulassen und die Reise selbstbewusst und die Augen für alle möglichen Türen offenhalten. Andernfalls kann das schnell zu einer Odyssee werden und Sie verbringen Wochen, Monate und Jahre damit, durch die Straßen zu irren und nach dem Motto „Ich weiß nicht, wohin ich gehe, aber ich werde meinen Weg finden" viel Zeit, Energie und auch Geld verschwenden.

Ziele und Wünsche können sich ändern. Wenn Sie Ihre Persönlichkeit entwickeln, heißt das nicht, dass Sie zu 100 Prozent wissen, was Sie wollen und wohin Ihre Reise gehen soll. Doch es heißt, dass Sie den Mut dazu haben, Ziele zu ändern, neue Wege zu gehen und nicht an einer Straße festzuhalten, auf welcher Sie als Beifahrer an einen Ort fahren, von dem Sie bereits wissen, dass er Sie nicht glücklich machen wird.

Entwickeln Sie Ihre Persönlichkeit! Dann wissen Sie nicht nur, was Sie wollen, sondern Sie finden auch Wege und Möglichkeiten, um an Ihr Ziel zu gelangen.

SIE GEHEN BESSER MIT RÜCKSCHLÄGEN IN IHREM LEBEN UM

Es steht außer Frage, dass es nicht schön ist, zu scheitern und Rückschläge einstecken zu müssen. Allerdings entwickeln Sie mit der Reise zu sich selbst – zu Ihrem wahren Ich und zu Ihren Zielen und Wünschen – nicht nur das Bewusstsein über Ihr wahres

Wesen, sondern Sie entwickeln auch eine deutlich positivere Einstellung sich selbst und dem Leben gegenüber.

Ihre Persönlichkeit zu entwickeln, heißt nicht, dass Sie Konfetti durch die Gegend schmeißen und stets mit einem Grinsen auf dem Gesicht herumlaufen müssen, als seien Sie ein menschliches Honigkuchenpferd. Allerdings lernen Sie, auch in augenscheinlich negativen Situationen einen positiven Blick zu behalten und sich folglich auf die positiven Aspekte konzentrieren zu können.

Rückschläge gibt es und Sie werden auch immer wieder auf Hindernisse in Form von physischen oder auch mentalen Hindernissen treffen. Mentale Blockaden und Selbstzweifel gehören genauso zur Persönlichkeitsentwicklung, wie der innere Schweinehund, welcher sich immer wieder selbst bei Ihnen zum Tee einlädt und Sie davon abhalten möchte, an sich selbst zu arbeiten.

Es wird Ihnen nicht nur sehr viel leichter fallen, mit Hindernissen und Rückschlägen umzugehen, sondern Sie werden auch Probleme sehr viel besser und einfacher lösen können. Die allgemeine negative Katastropheneinstellung weicht einer positiven und lösungsorientierten Sichtweise.

Mit der Arbeit an Ihrer Persönlichkeit und der ständigen Weiterentwicklung arbeiten Sie nicht nur an Ihrem Selbstbewusstsein und Ihrem Wohlbefinden, sondern Sie werden auch allgemein deutlich erfolgreicher im Leben sein.

SIE WERDEN ERFOLGREICHER SEIN

Wissen Sie nun, wer Sie sind, haben Sie dementsprechend Selbstbewusstsein entwickelt, Ihre Ziele definiert und sich zu guter Letzt auch ein positives Mindset angeeignet, so werden Sie sehr viel besser und determinierter an Ihren Wünschen und Zielen arbeiten können. Die Folge dessen ist ein sehr viel größerer Erfolg.

Sie werden feststellen, dass Ihre Schwächen nicht einfach nur Schwächen sind, mit welchen Sie sich selbst im Wege stehen, sondern Sie werden das große Potenzial sehen, welche diese mit sich bringen. Hinter jeder Schwäche steckt das Potenzial, Ihre Stärken zu erweitern. Sie werden lernen, die Schwächen nicht als „negativ" zu betrachten, sondern das Positive in ihnen zu sehen.

Ihre Schwächen helfen Ihnen unter anderem bei der Entscheidungsfindung in Bezug auf die Frage danach, was Sie sich im Leben wünschen. Konzentrieren Sie sich auf Ihre Stärken oder arbeiten Sie an Ihren Schwächen und freuen Sie sich somit nicht nur auf eine deutlich bessere Definition Ihrer Wünsche und Ziele, sondern auch auf einen sich einstellenden Erfolg.

SIE WERDEN EMPATHISCHER

Mit Sicherheit haben Sie schon einmal etwas von dem Spruch gehört, dass Sie andere Menschen nur lieben können, wenn Sie sich selbst lieben, und dass Sie sich auch nur unter dieser selben Voraussetzung von anderen Menschen lieben lassen können.

Das ist richtig und steht in einem engen Zusammenhang mit der Entwicklung Ihrer Persönlichkeit. Zudem werden Sie mit dem Bewusstsein Ihres wahren Ichs nicht nur sich selbst gegenüber deutlich empathischer, sondern Sie reagieren auch auf Ihre Mitmenschen mit einem deutlich größeren Maß an Empathie.

Durch die Tatsache, dass Sie sich selbst sehr viel freundlicher und liebevoller behandeln und nicht immer nur die negativen Aspekte sehen, entwickeln Sie auch anderen Menschen gegenüber ein sehr viel liebevolleres und empathischeres Verhalten.

Sie wissen, wie es ist, von Selbstzweifeln im Kopf geplagt zu werden. Sie wissen, was es bedeutet, von den Gedanken gequält zu werden, dass Sie einfach nicht für den Erfolg gemacht sind und sich mit Ihrem Leben zufriedengeben müssen. Sie wissen, wie Sie sich verhalten haben, wenn Sie wieder einmal einen schlechten Tag hatten und es einfach nichts Positives in Ihrem Leben gab.

Mit diesem Wissen und der Weiterentwicklung Ihrer Persönlichkeit reagieren Sie deutlich empathischer auf Ihre Mitmenschen, nehmen sich den „schlechten Tag" oder „schnippischen Kommentar" im Bus oder auf der Arbeit nicht zu Herzen und wissen vor allem, dass es nichts mit Ihnen zu tun hat. Es hat nichts mit Ihnen zu tun, wenn Sie andere Menschen triggern. Genauso wenig, wie andere Menschen Schuld daran tragen, wenn Sie von ihnen getriggert werden. Wie schon gesagt, halten uns unsere Mitmenschen schlicht und ergreifend einen Spiegel vor die Nase und zeigen uns die Punkte auf, an welchen wir noch arbeiten müssen. Punkte, welche Sie triggern, sind oft die Punkte, bei welchen im Rahmen der Persönlichkeitsentwicklung Handlungsbedarf besteht.

Sie werden freier im Denken und im Handeln

Was denken nur die anderen Menschen von mir? Und was ist, wenn ich wieder etwas falsch mache? Vielleicht reden die anderen über mich…

Sie kennen diese Zweifel nur zu gut, oder? Auch hier kommt wieder das Fremdbild ins Spiel, über welches Sie sich vermutlich viel zu oft und viel zu viel definieren. Das Fremdbild, welches Sie aufgrund eines gänzlich verzerrten Selbstbildes vermutlich vollkommen falsch interpretieren. Auch hier geht alles wieder von ihnen aus. Sie sitzen an der Quelle und beeinflussen mit Ihren Selbstbild auch Ihren Blick auf das Fremdbild, welches Menschen von Ihnen haben.

Sie gehen immer davon aus, dass Menschen über Sie urteilen, Sie bewerten oder sich gar über Sie lustig machen und lästern. Vielleicht mag das auf einen kleinen Teil der Menschen zutreffen (es gibt immer Neider und Miesepeter), doch der Unterschied im Rahmen der Persönlichkeitsentwicklung besteht darin, dass Sie:

1. Das Fremdbild sehr viel besser einschätzen können, weil Sie sich selbst gegenüber positiv eingestellt sind.
2. Ihr Selbstbild nicht mehr vom Fremdbild abhängig machen und sich somit von Vorurteilen, Selbstzweifeln und Ängsten vor der Bewertung anderer Menschen befreien.

Stärken Sie sich in Ihrem Sein, so wissen Sie, was Sie wollen und entwickeln ein gesundes Selbstbewusstsein. Sie werden dadurch automatisch deutlich freier, sowohl im Denken als auch im Handeln, sein.

„Lieben Sie, wer Sie sind"

WO UND WIE FANGEN SIE AN?

Die Persönlichkeitsentwicklung findet nicht nur mental, sondern auch körperlich statt. Sie können nicht nur mental an sich arbeiten und sich folglich immer weiterentwickeln, sondern Sie können auch körperlich neue Ziele erreichen.

Werden Sie sich bewusst darüber, was Sie verändern wollen. In welchem Bereich wollen Sie an sich und Ihrer Einstellung arbeiten? Nehmen Sie sich Zeit und geben Sie sich vor allem die Zeit, welche Sie brauchen, um an sich und Ihrer Persönlichkeit zu arbeiten. Erfolg stellt sich nicht von heute auf morgen ein, sondern bei Erfolg handelt es sich um einen Prozess, welcher viel Zeit und Durchhaltevermögen verlangt.

Sehr viele Menschen richten ihren Fokus in diesem Zusammenhang vor allem auf den physischen Bereich. Denn bei ihm handelt es sich um den Bereich, in welchem sie sich am schnellsten über das Einstellen der Erfolge freuen. Das wiederum führt zu einer deutlich größeren Motivation.

Ganz egal, an welchem Bereich Sie arbeiten – seien Sie sich immer darüber bewusst, dass Sie nicht für andere Menschen an sich arbeiten, sondern dass Sie für sich selbst, für Ihr Glück, für Ihren Erfolg und für Ihr Wohlbefinden an sich und an Ihrer Persönlichkeit arbeiten.

Was ist eigentlich die Komfortzone?

Es ist so einfach – Sie nehmen sich vor, sich ab dem nächsten Morgen gesund zu ernähren oder sich direkt nach dem Frühstück hinzusetzen und zu lernen oder zu arbeiten, doch wieder einmal fällt Ihr Finger ganz aus Versehen oder vielleicht bereits vollkommen automatisch auf den Snooze-Button Ihres Weckers. Wenn Sie es mit mindestens einer halben Stunde Verspätung geschafft haben, sich aus dem Bett zu quälen und sich in die Küche zu begeben, um sich Ihr Frühstück zuzubereiten, lächelt Sie das weiche Weißbrot an und aus dem Schrank hören Sie den Schokoladen-Aufstrich laut und penetrant Ihren Namen rufen.

Gut – dann starten Sie eben am Montag mit der Ernährungsumstellung. Oder am ersten des nächsten Monats. Oder vielleicht doch direkt am ersten Januar – auf der Liste der guten Vorsätze für das neue Jahr ist schließlich noch etwas Platz…

STOP!

Werden Sie sich darüber bewusst, dass es sich nicht um einen temporären Zustand, sondern um eine dauerhafte Umstellung der Einstellung, Ihrer Gewohnheiten und Ihrer Handlungen handelt, wenn Sie etwas in Ihrem Leben erreichen möchten.

Sie begeben sich nicht auf einen 100-Meter-Lauf, sondern auf einen Marathon. Während Sie beim Sprint das Ziel direkt vor Ihren Augen sehen und sprinten müssen, um dieses zu erreichen, ist es beim Marathon-Lauf äußerst wichtig, sich die Strecke einzuteilen, ab und an zu sprinten, aber auch die Geschwindigkeit immer wieder herunterzufahren, um etwas durchatmen zu können.

Es ist nicht einfach, das Ziel immer vor Augen zu haben, dieses zu fokussieren und auch dann noch zu sehen und zu verfolgen, wenn Sie auf Umwege geraten oder Besuch vom inneren Schweinehund bekommen sollten. Durchzuhalten ist anstrengend und fordert Kraft, Entschlossenheit und Durchhaltevermögen.

Es ist vollkommen legitim anzuhalten, um sich auszuruhen oder auch einen Schritt nach hinten zu machen, sofern man diesen nutzt, um Anlauf für die weitere Strecke zu nehmen. Es ist vollkommen legitim, Umwege zu nehmen und anders als ursprünglich geplant ans Ziel zu gelangen. Lassen Sie jedoch nicht zu, dass Ihnen der innere Schweinehund, die schlechten Gewohnheiten, die mangelnde Motivation und die Angst vorm Scheitern eine Grube graben. Denn genau um diese Faktoren handelt es sich, wenn wir eine Antwort auf die Frage suchen, wieso es vielen Menschen so schwerfällt, auch auf Durststrecken durchzuhalten und nicht auf die Fata Morgana hineinzufallen, welche vor unseren Augen in der trockenen Wüste erscheint.

Der Großteil der Menschen muss sich hart nach oben arbeiten, um viel Geld zu verdienen und Spaß an dem zu haben, was sie machen. Doch der Mensch ist faul. Wir wollen es uns immer so einfach wie möglich machen und so viel Geld wie möglich mit so wenig Aufwand wie nötig verdienen. Leider gestaltet sich die Realität oft anders und erfordert von den Menschen Durchhaltevermögen und Entschlossenheit. Immer wenn Sie das Leben vor neue Herausforderungen stellt und einen bestimmten Aufwand an Kraft von Ihnen fordert, kommt der innere Schweinehund ins Spiel. Er überzeugt Sie davon, dass Sie rundum gut aussehen, selbst wenn Sie bald zu „They see me rollin'" durch die Straßen rollen und Sie sich somit die monatlichen Beiträge für das Ticket für die öffentlichen Verkehrsmittel oder das Benzin für das Auto sparen können. Oder er überzeugt Sie davon, dass der Beruf der Krankenschwester immer schon Ihr Traumberuf war und Sie eigentlich nie wirklich geplant hatten, eines Tages Arzt zu sein.

Er setzt dabei auf die eigene Unsicherheit und auf das mangelnde Selbstbewusstsein, welches wie Kleister an Ihnen zu kleben scheint, und auf die Gemütlichkeit der Komfortzone – **Die Zone, in welcher wir uns auskennen, welche uns Sicherheit gibt, uns gleichzeitig jedoch auch einschränkt und nicht im Leben weiterkommen lässt**.

Oft sind Sie sich nicht sicher, ob Sie eine Diät durchhalten können oder sich bezüglich Ihrer Berufswahl auf dem richtigen Weg befinden. Mit dieser Unsicherheit geben Sie nicht nur dem inneren Schweinehund das Fressen, nach welchem er gesucht hat, sondern auch das Engelchen und das Teufelchen auf ihrer rechten und linken Schulter freuen sich auf neuen Stoff für die endlosen Diskussionen rund um Sie und Ihr Leben.

Besonders das Teufelchen ist stets präsent und erpicht darauf, uns in die falsche Richtung zu führen – meist mit durchschlagendem Erfolg. Leider ist diese aber genau die Richtung, welche uns zwar für einen kurzen Moment eine Befriedigung gibt, langfristig gesehen aber genau das Gegenteil bewirkt und schlecht für uns ist. Das Teufelchen ist, wenn Sie es so sehen möchten, der Freund, vor welchem Sie Ihre Eltern immer gewarnt haben.

Menschen sind schwach und folgen dem Teufelchen in der Regel blind. Der erste Weg zum Erfolg ist aus diesem Grund der, sich die Fehler und die Umwege einzugestehen. Es ist keine Schande, Fehler zu begehen, sondern es ist eine Schande, sich diese nicht einzugestehen und die falsche Straße immer weiter zu bestreiten, ohne die Abzweigung auf die Hauptstraße zu nehmen.

Aber wieso gewinnt eigentlich immer das Biest und bringt Sie von der Straße ab? Wieso schafft es das Teufelchen gemeinsam mit dem inneren Schweinehund, uns immer wieder zurück in die Komfortzone zu ziehen? Wieso hat es so viel mehr überzeugende Argumente als das Engelchen? Wieso geben wir dem Teufelchen nach, anstatt auf das Engelchen zu hören, wohl wissend, dass es im Recht ist? Laufen wir gerne in die falsche Richtung? Tun wir uns gerne etwas Schlechtes? Leiden wir wirklich so gerne? Die Antwort ist leicht:

1. Der erste Grund für den Umstand, dass es das Teufelchen immer so einfach und unkompliziert hat, liegt darin, dass das Engelchen etwas von uns fordert und etwas Anstrengung und Durchhaltevermögen von uns verlangt, wenn wir unsere Ziele und Wünsche erreichen wollen. Aus diesem einfachen Grund ist uns dieses gleich viel unsympathischer. So ein Mist, wenn ich heute auf Süßigkeiten verzichtet habe und am nächsten Morgen immer noch aussehe wie Cindy aus Marzahn und nicht wie Heidi Klum.

2. Der zweite Grund ist ebenfalls sehr einfach nachzuvollziehen. In unserem Kopf malen wir uns gerne die unterschiedlichsten Szenarien aus. Es ist einfach, sich vorzustellen, jeden Tag zu lernen, mit dem Rauchen aufzuhören oder gesunde Nahrung zu sich zu nehmen. Deutlich schwieriger ist es, diese Wünsche und Vorstellungen in der Realität umzusetzen und somit Wirklichkeit werden zu lassen.

3. Außerdem spricht ein weiterer Grund für das Teufelchen und liefert eine Erklärung, wieso ihm die Menschen immer und immer wieder folgen. Jeder von uns bevorzugt den leichten und vor allem den schnellsten Weg zum Erfolg. Und wenn wir den nicht haben können, wollen wir die Gewissheit darüber, dass wir mit dem Status Quo rundum zufrieden sind und uns nicht weiter anstrengen müssen. Genau mit dieser falschen und heuchlerischen Gewissheit versorgt uns das Teufelchen. Es gibt uns irgendwelche passenden Ausreden und Rechtfertigungen, auf welchen wir uns dann gemütlich und vermeintlich beruhigt ausruhen, anstatt den Allerwertesten hochzukriegen und den anstrengenden Weg zu nehmen.

Kennen Sie das „Montag-Phänomen"? – Am Montag fange ich an, an meinen Zielen und Träumen zu arbeiten. Am Montag geht es los mit meiner Veränderung. Am Montag…

Warum muss eine Veränderung immer an Montagen, Ersten des Monats oder sogar erst im neuen Jahr starten? Was ist an einem Dienstag so schlimm? Ist der Mittwoch nicht gut genug, um mit einer Umstellung anzufangen? Wieso ist der Montag für Diätanfänge prädestiniert?

Das Teufelchen kriecht uns immer in den Allerwertesten und sagt uns immer das, was wir hören wollen. Somit ist es uns natürlich viel sympathischer als das Engelchen. Wir bekommen lieber Honig ums Maul geschmiert, als die Wahrheit an den Kopf geknallt. Denn wir Menschen wollen es uns immer so leicht wie möglich machen.

Das Engelchen hingegen sagt uns klipp und klar, dass wir etwas tun müssen, um etwas zu erreichen. Und genau das wollen wir nicht hören. Das Engelchen sagt uns, wenn etwas nicht gut und falsch für uns ist.

Das Teufelchen ist das Äquivalent zu der "Freundin", welche Ihnen sagt, dass Sie in dem drei Nummern zu kleinen Kleid super aussehen und somit zulässt, dass Sie sich dem Gespött der Menge aussetzen, wenn Sie wie eine eingeklemmte Bockwurst durch die Stadt watscheln.

Das Engelchen hingegen ist die wahre Freundin, welche Ihnen ins Gesicht sagt, dass Sie wie eine laufende Pellwurst aussehen und lässt Sie das Kleid nicht kaufen. Stattdessen schreibt sie sich mit Ihnen im Fitnessstudio ein und schützt Sie somit vor bösen und abwertenden Blicken auf der Straße.

Wir Menschen sind nicht nur gut darin, uns selbst zu belügen und uns somit etwas vorzumachen, sondern zur selben Zeit sind wir auch Meister darin, uns selbst zu bemitleiden, während wir aus lauter Frust und Enttäuschung über das Nicht-Erreichen unserer Ziele die nächste Packung Chips aufreißen. Dabei vergessen wir gerne, dass ganz alleine wir für uns verantwortlich sind und nur wir etwas gegen unsere Situation tun können.

Denn so abgedroschen sich der Spruch auch anhören mag – es gibt für alles eine Lösung. Ob man allerdings bereit ist, seinen plattgesessenen Hintern von der inzwischen durchhängenden Couch zu bewegen, um etwas zu ändern, ist eine andere Frage.

Es ist viel einfacher, Ausreden zu finden, um bestimmten Dingen zu entkommen und sich herauszureden, als der Wahrheit ins Auge zu blicken.

Wir, die Spezies Mensch, sind unglaublich gut darin, uns selbst etwas vorzumachen und uns zu belügen. Wir werden dabei nicht einmal rot. Wir lügen wie gedruckt und schämen uns kein bisschen dafür.

1. Beim Treppensteigen bekommen Sie keine Luft. Nein, das ist keineswegs den unzähligen Zigaretten geschuldet, welche Sie täglich rauchen. Es ist die dünne Luft, welche in den unsäglichen Höhen des zweiten Stocks des Treppenhauses herrscht. Da kann es schon einmal zur Atemnot kommen.

2. Ihre Jeans lässt sich nicht mehr schließen und droht zu platzen, wenn Sie sich bücken. Aber das sind nie und nimmer die Süßigkeiten, welche Sie sich abends vorm Fernseher hineinschaufeln und es ist auch nicht das ganze Fastfood, welches Sie sich abends zu sich nach Hause bestellen. Es ist die blöde Waschmaschine – die spinnt ein bisschen. Die hat die Hose zu heiß gewaschen oder die Hose hat einen Materialfehler. Außerdem haben Sie bestimmt eine Schilddrüsenunterfunktion und können gar nichts dafür, dass Sie immer dicker werden.

3. Die Beförderung hat wieder einmal der unsympathische Kollege bekommen. Nein, das liegt doch nicht daran, dass Sie während der Arbeit, statt zu arbeiten, lieber auf den sozialen Medien unterwegs sind und in unterschiedlichen Tests herausfinden, ob Sie der Käse, die Tomate oder die Gurke auf dem Sandwich sind und was das wiederum über Ihre Persönlichkeit aussagt. Während keines der genannten Lebensmittel irgendetwas über Ihre Persönlichkeit aussagt, spricht Ihr Verhalten auf der Arbeit Bände in Bezug auf Ihre Arbeitsmoral. Aber nein – das sind nicht Sie, sondern das ist der Chef. Der hat es sowieso auf Sie abgesehen und hat den ganzen Tag nichts Besseres zu tun, als sich zu Hause zu überlegen, wie er Sie am besten schikanieren kann.

Die Wahrheit tut weh, denn keiner gibt gerne zu, dass er sich gehen lässt und faul ist. Keiner gibt zu, dass er sich in seiner Komfortzone festgesetzt hat und sich nicht mehr aus ihr hinausbewegen möchte. Sie wissen, was Sie an Ihrer Komfortzone haben. Sie wissen, wie es in Ihrer Komfortzone aussieht und Sie haben keine Lust, das weiche, warme Bett zu verlassen, um sich in das kalte Wetter draußen zu begeben. Doch wer sagt, dass das Wetter draußen grau und kalt ist? Wer sagt Ihnen, dass es regnet und dass Sie frieren? Es ist nie leicht, aus der Komfortzone herauszukommen, doch Sie wissen nicht, was auf Sie wartet, wenn Sie nicht einen Schritt nach draußen wagen.

In diesem Zusammenhang ist es wichtig, dass wir wissen, wie wir mit Hindernissen und Hürden umgehen können, um weiterhin fokussiert zu bleiben, unser Ziel nicht aus den Augen zu verlieren und zum Erfolg zu kommen. Denn nur mit dem Wissen, wie Sie am besten mit Hindernissen und Hürden umgehen, finden Sie die Kraft und den Willen, nicht mit dem ersten Rückschlag oder mit dem ersten Selbstzweifel in die Komfortzone zurückzukehren.

Denken Sie immer daran – es gibt kein schlechtes Wetter, sondern es gibt nur schlechte Kleidung. Ziehen Sie sich angemessen an und verlassen Sie somit mit Kraft, Willen, Durchhaltevermögen und einer positiven Einstellung Ihre Komfortzone und verschieben Sie sie nach und nach. Eine Komfortzone ist an und für sich nicht als

„schlecht" zu betrachten. Es ist durchaus wichtig, dass Sie, symbolisch gesprochen, über einen Ort verfügen, an welchem Sie sich wohlfühlen und an welchem Sie sich einfach fallen lassen können, weil Sie ganz genau wissen, was Sie erwartet und wo Sie sich befinden.

Herausforderungen können Angst machen. Schritte ins Ungewisse können uns Sorgen bereiten, doch das ewige Verharren in der Komfortzone lässt uns nicht im Leben weiterkommen. Das Leben in der Komfortzone wird nach und nach zum monotonen Alltag, in welchem wir uns immer wieder die Frage stellen können, was gewesen wäre, wenn wir ins Handeln gekommen wären.

Nutzen wir die Komfortzone, wenn wir Kraft tanken müssen und unseren Energiespeicher wieder füllen wollen. Lassen wir uns jedoch nicht dazu veranlassen, in ihr zu verweilen. Nutzen wir die Flexibilität der Komfortzone und erweitern wir sie nach und nach, je weiter wir auf dem Weg zu unserem Ziel voranschreiten.

Die Komfortzone ist die Zone, in welcher wir uns wohlfühlen, in welcher wir sicher sind und in welcher es uns gut geht. Sie ist, wenn man so will, das komfortable Bett, in welches wir uns an einem grauen Tag, an welchem sich die dunklen Regenwolken an der Himmelsdecke breitgemacht haben und die dicken Regentropfen provokant gegen das Fenster klopfen, zurückziehen. Sie ist das sichere Ufer, wenn die Regentropfen langsam am Fenster abperlen und zu rufen scheinen: „Na – sind Sie sicher, dass Sie rausgehen wollen? Bei diesem Mistwetter?"

Kurzum gesagt ist die Komfortzone der Bereich, in welchem Sie sich in Sicherheit wiegen, in welchem Sie sich wohlfühlen und welchen Sie nur ungerne verlassen.

Eine Komfortzone ist an und für sich nicht schlecht und jeder Mensch sollte über einen sicheren Anker verfügen, an welchem er sich festhalten und neue Kraft tanken kann. Allerdings kann diese Komfortzone auch schnell zum Fluch werden, wenn sie uns davon abhält, trotz der Regenwolken nach draußen zu gehen und unsere Wünsche, Ziele und Träume zu verfolgen.

Wenn es Ihnen an Motivation mangelt, fehlt ein ganz bestimmter und fundamentaler Bestandteil, welchen Sie auf dem Weg zu Ihrem Erfolg brauchen.

Stellen Sie sich vor, Sie sitzen in einem Boot und möchten mit diesem auf das Meer hinausfahren, um ein Ziel zu entdecken. Sie sitzen auf dem Boot und es fängt plötzlich an zu wackeln. Sie prüfen die Ladung und zählen die Mitglieder der Mannschaft, welche mit Ihnen auf dem Boot sitzen:

- Das Ziel ist anwesend.
- Die Erfahrungen sind ebenfalls mit von der Partie.
- Die positive Einstellung ist auch da.

Ihnen fällt sofort auf, dass ein Ungleichgewicht auf dem Boot herrscht. Ein viertes und fundamentales Mitglied (die Komfortzone) fehlt und dessen Abwesenheit provoziert das unangenehme Wackeln, welches Sie nicht nur davon abhält, auf dem Meer Kurs zu halten, Ihr Ziel zu verfolgen und an diesem anzugelangen, sondern zur selben Zeit auch dazu beiträgt, dass sich Übelkeit breitmacht, weil die Seekrankheit mit voller Wucht zuschlägt.

Und was machen wir, wenn wir uns schlecht und unwohl fühlen? Richtig – wir verziehen uns ins warme Bett, mit einer heißen Tasse Tee und unserer Lieblingsserie, unserem Lieblingsfilm oder unserem Lieblingsbuch. Oder kurz und knapp gesagt: Wir verziehen uns in unsere Komfortzone. Die Komfortzone – was für ein Fluch und Segen in einem.

Natürlich ist es schön, einen Ort zu haben, an welchem wir uns rundum wohl, sicher und geborgen fühlen. Doch gleichzeitig kann uns dieser Ort in unserem Handeln und dem Erreichen unserer Ziele und Träume sehr stark einschränken. Treten wir nicht aus dieser Komfortzone heraus und lassen wir nie das Licht der Außenwelt in diese eindringen, werden wir nach und nach immer mehr Angst vor dieser haben. Wir werden immer skeptischer werden und uns immer mehr die Frage stellen, ob wir den Herausforderungen und Anforderungen der heutigen Welt wirklich gewachsen sind. Wer sind wir Menschen schon? Sind wir im Endeffekt nicht winzig und unbedeutsam in der großen, weiten Welt? Welche Rolle spielen wir?

Wieso sehen wir die Welt als groß und bedrohlich an? Ganz einfach – weil unsere Komfortzone zu klein ist und wir uns daran gewöhnt haben, es uns in einem kleinen, beschränkten Raum gemütlich zu machen, uns mit diesem zufriedenzugeben und diesen zur Bühne unseres Lebens zu machen.

Unsere Komfortzone zu verlassen ist sehr wichtig und fundamental, um erfolgreich sein zu können. Natürlich ist es schön, einen Ort zu haben, an welchen man sich zurückziehen und entspannen kann. Es ist gut, einen Raum zu haben, in welchem wir uns sicher, warm und geborgen fühlen, während um uns herum die große, weite und kalte Welt lauert, in welcher unsere Zukunft ungewiss ist und in welcher wir möglicherweise noch nicht unsere Rolle gefunden haben.

Unsere Komfortzone kann, wenn wir diese zu schätzen und richtig anzuwenden wissen, ein Segen sein, jedoch schnell zu einem Fluch werden, wenn wir uns zu sehr in dieser ausruhen. Sicherlich ist es einfacher, uns in das gemachte Bett zu legen, uns unter der warmen Decke zu verkriechen und die Vorhänge vor unserem Fenster zuzuziehen, um in Ruhe unserer Lieblingsserie folgen oder unser Lieblingsbuch lesen zu können, als aufzustehen, die Augenringe zu überschminken und uns in die kalte, ungewisse Welt zu begeben.

Aber wer sagt uns eigentlich, dass die große weite Welt kalt, grau und unliebsam ist? Richtig – der innere Schweinehund, dass er gar nicht mehr die Kraft hat, von der Couch aufzustehen und uns aus diesem Grund dazu bewegen möchte, ebenfalls auf der Couch in unserer Komfortzone sitzen zu bleiben.

Woher will der innere Schweinehund, welcher vermutlich nie mehr als seine viel zu lang geratene Nase aus dem Fenster in die Welt hinausgestreckt hat, wissen, wie es in der Welt aussieht, was uns erwartet und was wir schaffen können? Wenn wir uns auf seine Aussagen verlassen, könnten wir ihm genauso gut glauben, wenn er uns sagt, dass der Himmel grün und die Wiese blau, das Wasser gelb und die Sonne rosa ist.

Verlassen wir unsere Komfortzone, stehen wir auf und machen wir unsere Erfahrungen selbst. Lassen wir den inneren Schweinehund auf der Couch sitzen und die Serie „Und wenn …?" schauen, während wir die Antwort auf diese Frage selbst finden. Stellen wir uns nicht mehr nur die Frage, was passieren würde, wenn wir auf eine bestimmte Art und Weise handeln würden, sondern finden wir die Antwort schlicht und ergreifend heraus, indem wir ins Tun und Handeln kommen.

Wie verlassen Sie nun am besten Ihre Komfortzone? Wie können Sie die Wärme und die Geborgenheit Ihres Bettes und Ihrer Wohlfühloase verlassen, wenn Sie nicht wissen, was Sie in der großen Welt erwartet? – Durch Ihre Träume und die damit einhergehende Motivation. Wenn Sie träumen, bekommen Sie die notwendige Motivation. Und mit der notwendigen Motivation können Sie wiederum die Kraft aufbringen, welche Sie für das Verlassen Ihrer Komfortzone brauchen und welche Sie dabei unterstützt, ins Tun zu kommen und sich Ihrem Erfolg somit Schritt für Schritt zu nähern.

Doch wie sagte Shakespeare einst so schön? Die Welt ist eine Bühne. Also stehen Sie auf, verlassen Sie Ihre Komfortzone und spielen Sie Ihre Rolle, so wie Sie wollen. Sie sind der Regisseur, Sie sind der Kameramann und Sie sind der Protagonist. Das ist eine sehr große Verantwortung und gleichzeitig ein äußerst wertvolles Privileg. Ihre Entscheidungen beeinflussen den Ablauf und auch den Erfolg des Films. Ihre Entscheidungen und Ihre Handlungen bestimmen, ob der Film ein Verkaufsschlager wird oder ob die Zuschauer beim Zusehen einschlafen.

OPTIMIEREN SIE IHRE DENKWEISE

Wer sind Sie? Schauen Sie in den Spiegel und stellen Sie sich diese Frage. Wer sind Sie? Was macht Sie aus? Was hat Sie geprägt? Wieso sind Sie so, wie Sie sind? Woher kommen die Werte, welche Sie verfolgen?

Viele Fragen, welche allesamt eine Antwort verlangen. Eine Antwort, die Sie nur zu einem sehr geringen Anteil in Ihrer genetischen Veranlagung, dafür aber zu einem sehr großen Teil in Ihrem Umfeld finden. Menschen lernen von anderen Menschen. Haben Sie schon einmal beobachtet, wie Kinder lernen? Am besten lernen kleine Kinder von größeren. Sie beobachten sie und ahmen sie nach, bis sie eine bestimmte Handlung oder Fähigkeit erlernen. Aus diesem Grund spielt vor allem Ihre Kindheit eine fundamentale Rolle in Bezug auf Ihre Persönlichkeit.

Wie und mit welchen Werten und Verhaltensweisen Sie in der Kindheit aufgewachsen sind, beeinflusst Ihre Persönlichkeit sehr stark und trägt somit zu Ihren Ansichten und auch Handlungen bei.

Werden Sie sich allerdings darüber bewusst, dass Sie zwar von bestimmten Werten und Ihrer Erziehung geprägt werden, Ihre Werte jedoch nicht festgefahren, sondern äußerst variabel sind. Sie können sich durch Selbstreflexion intensiv mit sich selbst, Ihrem Verhalten und Ihren Ansichten befassen und für sich herausfinden, ob die Werte wirklich Ihrer persönlichen Überzeugung entsprechen.

Nur weil Sie immer und immer wieder von bestimmten Werten und Glaubenssätzen hören, weil Sie mit diesen aufgewachsen sind, bedeutet das nicht, dass Sie Ihre Werte nicht ändern und anpassen können.

Wie Sie über bestimmte Menschen denken, wie Sie Ihr Umfeld bewerten und wie Sie über bestimmte Themen denken, basiert zu einem sehr großen Teil auf Ihrem Umfeld und auf Ihrer Erziehung. Wenn Sie in einer positiven Umgebung aufgewachsen sind, in welcher der Optimismus die treibende Kraft darstellte, werden Sie mit einer sehr großen Wahrscheinlichkeit positiver eingestellt durch das Leben gehen als ein Mensch, welcher die gesamte Kindheit hinweg mit Problemen und einer negativen Atmosphäre konfrontiert wurde.

Doch nicht nur die Menschen in Ihrer Kindheit, sondern auch die Menschen, mit denen Sie sich in der Jugend und im Erwachsenenalter umgeben, spielen bezüglich Ihrer Persönlichkeit und Ihres Charakters eine sehr große Rolle.

Aus diesem Grund ist es wichtig, dass Sie sich mit Menschen umgeben, welche Ihnen guttun, welche über eine positive Einstellung verfügen und Sie positiv in Ihrer Persönlichkeitsentwicklung unterstützen. Sie brauchen keine Energiefresser in Ihrem Leben, welche sich ständig über alles beschweren und in jeder Situation das Schlechte sehen. Für eine positive Einstellung brauchen Sie Menschen in Ihrem Leben, die ebenfalls über eine positive Einstellung und Sichtweise auf das Leben verfügen.

Doch wieso beeinflussen so viele Faktoren unsere Persönlichkeit? Wieso haben unsere Mitmenschen einen so großen Einfluss auf unsere Werte, unsere Ansichten und folglich auch auf unsere Verhaltensweisen? Ganz einfach aus dem Grund, weil das Unterbewusstsein eine sehr große Macht besitzt und sich von klein auf Aussagen, Handlungen und Verhaltensweisen merkt, mit welchen wir immer und immer wieder konfrontiert werden.

Hören Sie jeden Tag von Katastrophen, Problemen und anderen negativen Themen, pflanzen sich diese immer tiefer in Ihr Unterbewusstsein ein. Andersherum ist es genauso der Fall mit positiven Sichtweisen, Aussagen und Handlungen.

VERSCHIEDENE MINDSETS

Sicherlich haben Sie schon einmal etwas von dem Begriff „Mindset" gehört. Ein Mindset ist im Grunde genommen nichts anderes als Ihre Ansicht auf bestimmte Dinge, welche auf Ihren Werten und auch auf Ihren Erfahrungen basiert. Diese wiederum basieren auf den Erfahrungen, welche Sie in Ihrer Kindheit und in Ihrem gesamten Leben gemacht haben.

Doch wie sieht ein Mindset aus? Gibt es unterschiedliche Arten des Mindsets? Was können Sie sich unter einem sogenannten „Money Mindset" vorstellen?

Grundsätzlich verfügt jeder Mensch über sein ganz eigenes, persönliches Mindset, welches auf unterschiedlichen Erfahrungen basiert. Allerdings sind Sie mit Willen und Durchsetzungsvermögen dazu in der Lage, Ihr Mindset zu ändern und es somit so zu modifizieren, dass Sie Ihren Fokus beispielsweise nur auf die positiven Aspekte im Leben lenken oder es speziell auf den Erfolg ausrichten.

Somit handelt es sich bei einem „Money Mindset" im Grunde genommen um nichts weiter als um ein Mindset, welches über die Denkweisen und Ansichten verfügt, die Sie brauchen, um materiell erfolgreich sein zu können. Anders gesagt geht es hierbei um Ihre Einstellung und Denkweise rund um das Thema Geld.

Eigentlich können Sie sich Ihr Mindset genauso wie Ihre Persönlichkeit vorstellen. Denn welche Persönlichkeit Sie haben, bzw. durch welche Aspekte sie geprägt wird, hängt davon ab, welche Erfahrungen Sie in der Kindheit oder auch in Ihrer Jugend oder im Erwachsenenalter gemacht haben. Sowohl negative als auch positive Erfahrungen prägen Ihre Persönlichkeit und Ihr Mindset, wobei Sie sowohl die Änderung Ihrer Persönlichkeit als auch die Änderung Ihres Mindsets selbst in der Hand haben.

Wie wir mit Rückschlägen und Hindernissen, aber auch mit Erfolgen, umgehen, hängt immer davon ab, wie sich unser Mindset gestaltet. Haben wir ein positives Mindset, gönnen wir uns den Erfolg. Wir sind stolz auf das, was wir erreicht haben, während wir mit einem negativen Mindset Ausreden finden und unseren Erfolg als „Zufall" oder das bekannte „Anfängerglück" abschreiben.

Grundsätzlich kann zwischen zwei großen verschiedenen Mindsets unterschieden werden. Die Rede ist auf der einen Seite vom „Fixed Mindset" und auf der anderen Seite vom „Growth Mindset".

Fixed Mindset	Growth Mindset
Fixed = starr, unflexibel	*Growth* = Wachstum
• Fähigkeiten werden als Talent bezeichnet • Wer eine bestimmte Sache nicht kann oder in einer bestimmten Sache scheitert, verfügt schlicht und ergreifend nicht über das erforderliche Talent. → Das Resultat ist oft das Aufgeben oder das Scheitern.	• Wachstumsorientiert • Wer genügend Einsatz bringt, kann alles erreichen, was er sich wünscht. Mit Training und Übung kann man alles schaffen. → Das Resultat sind eine positive Sicht auf die Dinge, ein geringes Stresslevel und mehr Erfolg auf allen Ebenen.

Wie Sie sehen, stellen diese beiden Mindsets Gegenteile dar und könnten unterschiedlicher nicht sein. In welchem der beiden Mindsets erkennen Sie sich wieder? Welche der beiden Mindsets scheint Sie besser zu beschreiben? Um an Ihrem Mindset arbeiten und dieses auf den Erfolg sowie auf Ihr Glück ausrichten zu können, müssen Sie erst wissen, in welchem Zustand Sie sich aktuell befinden. Sehen Sie Dinge eher schwarz und geben schnell auf oder bleiben Sie am Ball, selbst wenn es schwer wird, weil Sie wissen, dass Sie mit Zeit, Kraft und Durchhaltevermögen alles schaffen können, was Sie sich im Leben wünschen und vornehmen?

Was macht Menschen mit den beiden genannten Mindsets aus? Das zuvor genannte „Money Mindset" fällt in den Bereich des „Growth Mindsets", da Sie sich mit einer derartigen Einstellung darauf konzentrieren, erfolgreich zu werden und viel Geld zu verdienen.

Wenn wir unsere Augen schließen und darüber nachdenken, was wir uns in unserem Leben wünschen, kommen die unterschiedlichsten Bilder vor unser inneres Auge.

Natürlich wünschen wir uns ein erfülltes, gesundes und glückliches Leben und rundum zufrieden zu sein, doch wir können nicht negieren, dass wir uns zur selben Zeit auch materielle Dinge, wie zum Beispiel ein Haus, einen großen Garten, ein schönes Auto oder schlicht und ergreifend Geld wünschen, mit welchem wir uns absichern und im Anschluss daran unsere materiellen Träume erfüllen können.

Natürlich macht Geld alleine im Leben nicht glücklich. Wie viele Stars und Sternchen sind bereits aufgrund einer Überdosis oder auf andere Art und Weise gestorben, weil sie trotz des Reichtums nicht glücklich waren? Materieller Reichtum alleine macht nicht glücklich. Materiell erfolgreich und reich zu sein erleichtert uns jedoch sehr viele Dinge im Leben. Wir sind unbeschwerter und freier, wenn wir die Sicherheit des materiellen Erfolges haben und uns nicht jeden Tag Sorgen und Gedanken darüber machen müssen, wie wir über den Tag oder den Monat kommen.

Es ist somit weder schlecht noch verwerflich, sich materiellen Reichtum zu wünschen. Dass Sie sich materiellen Reichtum wünschen, schließt nicht aus, dass Sie die kleinen Dinge im Leben sehen und sich an ihnen erfreuen, um sich mit ihnen den Tag zu versüßen. Die kleinen Dinge im Leben wahrzunehmen und wertzuschätzen verbietet es uns jedoch nicht, groß zu träumen und mit dem „Money Mindset" stets an unserem Ziel zu arbeiten und auch auf Durststrecken am Ball zu bleiben.

Für das Erreichen Ihrer Ziele und Wünsche spielt das „Growth Mindset" eine große Rolle. Mit einem „Fixed Mindset" geben Sie zu schnell auf, sehen kein Potenzial in

Schwächen und gehen davon aus, dass Sie bestimmte Fähigkeiten schlicht und ergreifend beherrschen oder eben nicht.

Finden Sie für sich selbst heraus, über welches Mindset Sie verfügen, um so feststellen zu können, wie Sie an Ihrer inneren Einstellung und Überzeugung arbeiten können. Verabschieden Sie das „Fixed Mindset" aus Ihrem Leben und begrüßen das „Growth Mindset". Fangen Sie an, an sich selbst zu glauben, finden Sie in jeder Situation etwas Positives und freuen Sie sich über das Erreichen kleiner Meilensteine, aus welchen sich der große Weg zusammensetzt. Gehen Sie in kleinen Schritten, halten Sie durch und arbeiten Sie an Ihren Wünschen, Zielen und Träumen.

Menschen mit einem „Fixed Mindset"	Menschen mit einem „Growth Mindset"
• Nehmen Herausforderungen nicht an, wenn Sie befürchten, eine Niederlage einstecken zu müssen. • Können allgemein nicht gut mit Rückschlägen und Niederlagen umgehen. • Denken, dass Sie nur auf einem Gebiet über eine Begabung verfügen. • Wiederholen immer und immer wieder negative Glaubenssätze, welche sich immer tiefer in das Unterbewusstsein einbohren.	• Sind wissbegierig und wollen immer neue Dinge dazulernen, um ihren Horizont zu erweitern. • Halten auch auf Durststrecken durch, da sie wissen, dass sich die Anstrengung zu einem späteren Zeitpunkt auszahlt. • Haben keine Angst davor, Fehler zu machen, da sie in den Fehlern die Chance sehen, Neues zu lernen. • Kennen die eigenen Schwächen und sehen sie nicht als Hindernis oder als „negativ" an, sondern erkennen das Potenzial, das in ihnen steckt. Denn jeder Fehler hat das Potenzial, zur Stärke zu werden.

WIE SIE IHR MINDSET ÄNDERN

Sie wollen Ihr Mindset ändern? Sie sind sich bewusst darüber, dass Sie sich mit ihrer negativen inneren Einstellung und Ihren negativen Ansichten selbst im Weg stehen? Mit dem Willen, Ihr Mindset zu ändern und nach und nach immer positiver werden zu lassen, sind Sie bereits den ersten wichtigen Schritt in die richtige Richtung gegangen.

Sie haben die Entscheidung getroffen, etwas an Ihrem Mindset zu ändern und bringen somit die wichtigste Voraussetzung mit, um erfolgreich an Ihrer Einstellung zu arbeiten. Ganz egal, in welchem Bereich Ihres Lebens Sie erfolgreich sein wollen und welchen Weg Sie bestreiten wollen – mit einem positiven und erfolgsorientierten

Mindset bringen Sie nicht nur den Willen, sondern auch die Kraft und das Durchhaltevermögen auf, welches Sie brauchen, um Ihren Weg Schritt für Schritt zu bestreiten und sich Ihrem Ziel in kleinen Etappen zu nähern.

Die Veränderung Ihres Mindsets stellt eine wichtige Etappe Ihrer Persönlichkeitsentwicklung dar und ist folglich ein Prozess. Erwarten Sie nicht, dass sich Ihre Ansichten, Ihre Einstellung und somit auch Ihre Handlungsweisen von einen Tag auf den anderen schlagartig ändern, sondern nehmen Sie sich des Prozesses an. Entwickeln Sie das Bewusstsein darüber, dass jede Veränderung in Ihrem Leben Zeit braucht und Sie Ihr Mindset jeden Tag ein kleines Stück mehr ändern.

Für diese Zwecke können Sie sich an einigen spannenden und hilfreichen Tipps und Tricks orientieren.

SEIEN SIE GEDULDIG

Vielleicht kommen Sie, wenn Sie rennen, schneller voran. Doch nur wenn Sie sich Ihre Kräfte auf einer langen Strecke bewusst und gezielt einteilen, kommen Sie entspannt ans Ziel. Seien Sie nicht zu ungeduldig und erwarten Sie nicht, dass sich Veränderungen von einen Tag auf den anderen einstellen.

Sie werden sogar Tage und Momente erleben, an welchen Ihr altes Mindset versucht, sich zurück in Ihr Leben zu schleichen und Sie sich dabei ertappen, wie Sie Ihr Leben mit Ihrem alten Mindset betrachten. Das ist vollkommen normal und natürlich, weshalb der Aspekt der „Geduld" eine umso größere Rolle auf dem Weg zu Ihrem Erfolg und der Veränderung Ihres Mindsets spielt.

SEIEN SIE ABENTEUERLUSTIG

„Was ist, wenn ich es nicht schaffe?", „Was passiert, wenn ich scheitern sollte?" – Wir Menschen sind Meister darin, uns die schlimmsten Szenarien auszumalen und an all die Dinge zu denken, welche schiefgehen können, wenn wir uns auf Straßen begeben, die wir nicht kennen.

Natürlich ist es aufregend, sich auf Straßen zu begeben, die wir (noch) nicht kennen, doch wir wissen nicht, was wir verpassen, wenn wir nicht den Schritt wagen und die Straße begehen.

Wenn Sie keine Herausforderungen annehmen, werden Sie nie erfahren, welche Erfahrungen auf dem Weg auf Sie warten, welche Aussicht Sie am Ende der Straße genießen und welche Fähigkeiten in Ihnen schlummern. Ruhen Sie sich nur in Ihrer Komfortzone aus und nehmen keine Herausforderungen an, können Sie nicht über sich selbst hinauswachsen, keine neuen Straßen begehen und sich Ihrem Ziel folglich auch nicht nähern.

Vertrauen Sie sich und Ihrer Kraft. Vertrauen Sie darauf, einen Weg zu finden – auch wenn es vielleicht nicht die geplante Strecke, sondern ein Umweg sein mag. Finden Sie Ihren Weg und nehmen Sie als Startschuss dafür eine Herausforderung an.

SEIEN SIE EIN REALIST

Träume sind wichtig und stellen die Basis des Erfolgs dar. Würden Sie nicht träumen, hätten Sie nicht die Motivation, welche sie brauchen, um auch auf Durststrecken weiterhin durchzuhalten, weil Sie wissen, worauf Sie hinarbeiten. Es spricht absolut nichts dagegen, dass Sie früher oder später Ihr Ziel erreichen werden.

Allerdings ist es für das Durchhaltevermögen auf dem Weg zu Ihrem Ziel wichtig, immer eine realistische Sichtweise auf den Weg und auf den Fortschritt zu behalten. Übernehmen Sie sich nicht und setzen Sie Ihre Etappenziele nicht zu hoch. Sie brauchen Erfolge, um motiviert zu bleiben und immer weiter auf der Straße zu laufen, welche Sie zu Ihrem Ziel führt. Seien Sie nicht zu perfektionistisch, sondern akzeptieren Sie, dass es immer Luft nach oben gibt. Es geht immer mehr, doch wenn Sie Ihr Bestes geben und Ihre Fähigkeiten trainieren, ist das vollkommen ausreichend, um Ihre Ziele und Wünsche zu erreichen.

Stellen Sie nicht zu hohe Anforderungen und Ansprüche an sich selbst. Zu hohe Anforderungen und Ansprüche resultieren oft nur in Stress, welcher wiederum eine sehr große Bremse in Bezug auf die Persönlichkeits- und Mindset-Entwicklung darstellt.

GEHEN SIE RICHTIG MIT RÜCKSCHLÄGEN UM

„Sie gehen keinen Schritt zurück, sondern Sie nehmen lediglich Anlauf, um noch schneller und noch sicherer zu Ihrem Ziel zu gelangen!"

Wenn Sie Herausforderungen annehmen, sollten Sie dies immer mit dem Blick auf Ihr Ziel und mit der Gewissheit darüber machen, dass Sie alles schaffen können, was Sie wollen. Im selben Atemzug sollten Sie sich aber auch darüber bewusst sein, dass es Ihnen an einigen Tagen gelingt, über die Steine auf dem Weg zu klettern und sie somit zu überwinden, während Sie an anderen Tagen keine Kraft dafür haben. Es kann sein, dass Sie den Stein nicht direkt überwinden, sondern ihn nutzen, um sich auszuruhen und einen Moment innezuhalten. Sammeln Sie neue Kraft und nutzen Sie den Moment der Pause, um den Weg, welchen Sie bereits bestritten haben, zu betrachten, zu bewundern und stolz auf sich selbst zu sein.

Rückschläge gehören genauso auf dem Weg zu Ihrem Erfolg dazu wie das Erreichen kleiner Meilensteine. Es ist keine Schande zu scheitern. Jeder Rückschlag macht Sie um eine Erfahrung reicher und hilft Ihnen auf Ihrem weiteren Weg. Entweder Sie haben Erfolg oder Sie lernen. Wie heißt es doch so schön? – Rom wurde nicht an einem Tag erbaut und viele Wege führen nach Rom.

Auch das Erreichen Ihrer Ziele und Träume braucht Zeit und ist keine Angelegenheit von 5 Minuten. Zudem gibt es nicht nur einen einzigen Weg, welcher Sie an Ihr Ziel führt, sondern Sie können mit unterschiedlichen Ansätzen Ihren ganz eigenen persönlichen Weg finden, um Ihre Ziele zu erreichen.

WARUM HABEN MENSCHEN PROBLEME MIT DER PERSÖNLICHKEITSENTWICKLUNG?

Wie Sie sehen, bringt die Persönlichkeitsentwicklung sehr viele Vorteile mit sich, von welchen Sie in hohem Maße profitieren. Obwohl die Liste der Vorteile sehr verlockend klingt, haben viele Menschen Probleme damit, sich auf die Reise zu begeben, und an sich, ihrer Einstellung und auch ihren Wünschen, Zielen und Träumen zu arbeiten. Die Frage, welche sich in diesem Zusammenhang stellt, ist jene danach, was der Grund dafür ist. Wieso fällt es vielen Menschen zu schwer, an sich zu arbeiten, die Maske abzunehmen, um das wahre Ich zuzulassen und in diesem Zusammenhang Selbstbewusstsein zu entwickeln und erfolgreich zu werden?

Gründe gibt es viele. Doch wie sagt ein ebenfalls sehr bekannter und beliebter Spruch? *„Probleme sind da, um gelöst zu werden!"*

Wenn Sie 100 Gründe finden, wieso Sie nicht an sich, Ihren Wünschen, Träumen und Zielen arbeiten können, gibt es mindestens 101 Lösungen und Wege, welche diese Probleme nichtig machen und Ihnen die Möglichkeit geben, die Reise zu starten.

Aber um welche Probleme handelt es sich genau? Mit welchen Problemen haben Menschen zu kämpfen? Inwiefern stehen Sie sich selbst im Weg, wenn Sie die Reise antreten wollen, jedoch noch unentschlossen sind? Seien Sie sich immer darüber bewusst, dass es kein schlechtes Wetter, sondern nur schlechte Kleidung gibt. Nur weil es einmal regnet, heißt das nicht, dass Sie aufhören sollten, an sich zu arbeiten und sich immer weiterzuentwickeln. Wie entsteht ein Regenbogen? Wie wächst eine Blume? Richtig – durch die Kombination von Regen und Sonne. Nur wer weiß wie es ist, unter der heißen Sonne zu laufen, tanzt unter dem erfrischenden Regen und nur wer weiß wie es ist, klatschnass unter dem Regen zu laufen, zu zittern und zu frieren, genießt die warmen Strahlen der Sonne auf der Haut.

Das Leben ist nicht die Entscheidung zwischen „entweder" und „oder". Das Leben ist nicht „grau" oder „farbig", sondern es ist ein bunter Mix, welcher durch die Kombination der unterschiedlichsten Farben des Farbspektrums in den verschiedensten Nuancen das Gesamtbild zu einem wunderschönen und einzigartigen Meisterwerk macht. Sie sind der Maler, der sein Bild malt. Sie malen Ihr Bild und nicht das Bild eines anderen Menschen. So wie Geschmäcker verschieden sind, lebt auch jeder Mensch sein Leben anders. Kommen Sie sich selbst auf die Spur, finden Sie heraus, was Sie ausmacht und was Sie im Leben wollen, um so Ihr buntes Bild zu malen.

DIE ZIELE SIND NICHT KLAR DEFINIERT

„I have a dream…" Diese Zeile ist nicht nur ein Teil eines bekannten ABBA-Hits, sondern auch für uns alle ein enorm wichtiges Motto. Wir Menschen haben Träume. Wir haben Vorstellungen davon, wie unser Leben einmal aussehen soll. Die berühmte und von vielen Menschen gefürchtete Frage bei Vorstellungsgesprächen, wo wir uns in 10 Jahren sehen, treibt vielen die Schweißperlen auf die Stirn. Doch wieso wird uns diese Frage überhaupt gestellt? Wieso werden wir in die Situation gebracht, uns mit unserem Leben und vor allem unserer Zukunft auseinandersetzen zu müssen? Wieso sollte es mögliche künftige Chefs etwas angehen, was wir uns wünschen und auf welche Art und Weise wir uns unsere Zukunft vorstellen?

Schlicht und ergreifend aus dem Grund, weil die Zukunft nicht unbedingt der entscheidende Aspekt ist, sondern weil das Träumen in unserem Leben eine große und ausschlaggebende Rolle spielt.

Es gibt in Bezug auf das Träumen einen tollen Spruch:

„Wenn die Menschen keine Träume hätten, dann würden sie heute noch in Höhlen leben."

Was will uns dieser Spruch sagen? Sehen wir ihn uns etwas genauer an. Wenn wir Menschen keine Träume hätten, hätten wir heute bei weitem nicht den Wohlstand und den Luxus, den wir genießen und welcher unaufhaltsam fortzuschreiten scheint.

Nur wenn wir träumen und ein Ziel haben, welches uns motiviert, können wir Schritte nach vorne machen. Nur wenn wir unseren Blick nach vorne richten und das Ziel fokussieren, können wir unsere Komfortzone verlassen und in unserem Leben nach vorne kommen.

TRÄUMEN SIE GROß ODER TRÄUMEN SIE NICHT!

Ein Mensch braucht Träume. Denn nur wer träumt, kann damit anfangen, etwas für seinen Traum zu tun. Nur wenn wir träumen, können wir ins Tun kommen und unsere Komfortzone verlassen. Nur wenn wir träumen, wird der Weg nach oben nicht mehr nur ein großes Hindernis sein, sondern jede Etappe, welche wir auf dem Weg bestreiten dürfen, stellt eine Chance dar, neue Dinge zu lernen. Es fällt uns sehr viel einfacher, einen Weg zu bestreiten, wenn wir wissen, wohin er uns früher oder später führen wird, als wenn wir Hindernis um Hindernis bestreiten, ohne wirklich eine Ahnung zu haben, wo wir am Ende ankommen werden.

Unvorbereitet, mit dem falschen Schuhwerk und ohne Proviant, werden wir nicht lange durchhalten und eher früher als später aufgeben. Ziehen wir uns jedoch das richtige Schuhwerk an, packen etwas Proviant ein und nehmen eine Landkarte mit auf den Weg, haben wir direkt deutlich bessere Voraussetzungen, um unser Ziel erreichen zu können.

Denn wie sagt man doch so schön? Es gibt nicht das falsche Wetter, sondern nur die falsche Art, sich zu kleiden. Das trifft wohl auch auf Träume zu. Es gibt keine falschen oder zu großen Träume, sondern nur zu wenig Motivation und die falschen Rahmenbedingungen. Die Rahmenbedingungen bestimmen in diesem Fall Sie selbst. Sie selbst entscheiden, ob Sie auf der Wiese barfuß laufen und sich auf steinigen Untergründen das passende Schuhwerk anziehen. Sie bestimmen, ob wir Sie ein bedröppelter Dackel durch den Regen laufen, oder mit Gummistiefeln durch die Pfützen springen, um im Anschluss daran den Regenbogen bestaunen zu können. Sie entscheiden, welche Straßen Sie einschlagen, ob Sie sich von Baustellen und Einbahnstraßen abhalten und zurückwerfen lassen, oder ob Sie diese als Anlass nehmen, durchzuatmen, eine Pause zu machen, neue Wege kennenzulernen und weitere Erfahrungen zu sammeln.

Es kommt also nicht darauf an, was es ist, sondern was Sie daraus machen. Es kommt nicht darauf an, ob Sie auf Ihrem Weg auf eine Baustelle stoßen, sondern darauf, ob Sie diese als Anlass nehmen, um einen Moment stehen zu bleiben und sich auszuruhen oder eine andere Straße einzuschlagen, um dort neue Erfahrungen und Erkenntnisse machen zu dürfen.

Eine Baustelle muss nicht immer negativ sein. Es muss nicht immer negativ sein, eine andere Straße einzuschlagen und andere Wege zu gehen. Schließlich wurde Rom nicht an einem Tag erbaut – wahrscheinlich führen gerade aus diesem Grund alle Wege in die ewige Stadt.

Auch Ihre Ziele werden Sie nicht an einem Tag erreichen. Es kann Wochen, Monate oder auch Jahre dauern, bis Sie an Ihrem Ziel ankommen, doch Sie werden auf Ihrer Reise so viele wertvolle und spannende Erfahrungen machen dürfen, welche Sie Ihr ganzes Leben lang prägen werden. Seien Sie offen für andere Wege, lassen Sie sich auf Änderungen ein und seien Sie bezüglich der Wege flexibel, während Sie sich Ihr Ziel fest vor Augen halten.

Es gibt nicht nur einen Weg, welchen Sie einschlagen können, um an Ihr Ziel zu kommen, sondern es gibt viele unterschiedliche Routen, die Ihnen zur Auswahl stehen. Das Leben ist kein Quiz mit Single-Choice Fragen, bei denen entweder die Antwort A, die Antwort B oder die Antwort C die einzig richtige ist.

In Ihrem Leben kommt es immer auf Ihren Status Quo und Ihre Gefühle, Ihre Motivation und Ihre Energie an, ob Sie sich für die Option A, B oder C entscheiden. Es wird kein grünes und auch kein rotes Licht angehen und keiner wird Ihnen sagen können, dass die Entscheidung falsch war. Denn A, B und C sind über unterschiedlichste Wege miteinander verbunden. Möglicherweise gelangen Sie von B über C zu A oder von A über C zu B. Sie müssen sich nicht auf eine endgültige Antwort festlegen, welche bestimmt, ob Sie den Test bestehen oder nicht. Das Leben ist kein Test und Ihre Entscheidungen bestimmen nicht über Verlieren oder Gewinnen. Ihre Entscheidungen definieren, auf welchen Wegen und in welchem Tempo Sie an Ihre Ziele kommen. Es gibt insofern keine falschen Entscheidungen, als dass Ihnen jede Entscheidung Erkenntnisse bringt und Sie somit bereichert.

Selbst wenn Sie eine Einbahnstraße einschlagen und am Ende dieses Weges feststellen, dass er Sie nicht an Ihr Ziel gebracht hat, heißt das nicht, dass der Weg umsonst war. Bleiben Sie stehen und bewundern Sie die tolle Aussicht, welche am Ende der Einbahnstraße auf Sie wartet. Nutzen Sie den großen Wald, welcher vor Ihnen liegt, um einmal laut zu schreien und alle aufgestaute Wut, allen Frust und andere negative Emotionen herauszulassen und gestärkt zurückgehen und eine andere Straße nehmen zu können.

Jede Straße ist es wert, gegangen zu werden. Auch wenn Sie nicht jede Straße direkt zum Ziel führen wird, sind die Erkenntnisse, welche Sie aus diesen mitnehmen werden, fundamental und wertvoll, um Ihrem Ziel immer näher zu kommen.

Geben Sie sich nicht zufrieden. Denken Sie nicht, dass Sie anhalten müssen, nur weil es einmal etwas schwerer wird oder weil Sie sich aktuell in einer Einbahnstraße befinden. Halten Sie nicht an, sondern halten Sie an Ihren Zielen fest. Geben Sie sich nicht zufrieden, sondern arbeiten Sie immer weiter daran, Ihr Ziel zu erreichen.

Übrigens: An Ihnen selbst und Ihren Zielen zu arbeiten heißt nicht, dass Sie sich in Ihrem jetzigen Zustand nicht lieben sollten. Lieben Sie sich immer, überschütten Sie sich mit Liebe und Wohlwollen und helfen Sie sich somit dabei, immer die Version Ihrer selbst zu lieben, welche Sie gerade sind und welche Sie werden möchten. Die Version, welche Sie heute sind, haben Sie gestern noch angestrebt. Lieben Sie also jede Version in jedem Lebensstatus und in jeder Situation bedingungslos.

Es ist wichtig zu wissen, worauf man hinarbeitet, wenn man einen Weg bestreitet, denn es kann zwar durchaus spannend sein, einen Weg einzuschlagen, ohne zu wissen, wohin dieser führt. Doch ohne ein Ziel vor Augen wird man schnell die Lust verlieren, die Hindernisse zu bestreiten und neue Wege zu suchen. Da kann selbst das Lied im Hintergrund „I would walk 500 miles and I would walk 500 more…" (Und – hallihallo Ohrwurm!) nicht als Motivation dienen. Wofür gehen Sie weiter? Wofür würden Sie noch weiter gehen? Wenn Sie nicht wissen, was Sie antreibt und wofür Sie arbeiten, werden Sie schnell die Lust am Weitergehen verlieren.

Jeder Mensch hat Träume und Wünsche. Jeder Mensch möchte etwas erreichen, weiß nur oft nicht, wo angefangen werden muss. Es wäre zu schön, um wahr zu sein, wenn wir mit dem Tag unserer Geburt eine Schritt-für-Schritt-Anleitung in die Hand bekommen würden und nur jeden einzelnen Schritt befolgen müssten, um an unser Ziel zu kommen. Es wäre so leicht, wenn uns die Stimme eines Navis darauf hinweisen würde, dass wir gerade in eine Einbahnstraße eingebogen sind oder dass in 500 Metern eine Baustelle auf uns wartet.

Doch wenn wir einmal genauer darüber nachdenken – wäre das wirklich so schön? Wäre es wirklich schön zu wissen, was im Leben auf uns wartet und welcher Route wir folgen müssen, um unsere Ziele zu erreichen? Würden wir nicht sehr viele Ausblicke, Erfahrungen und Erkenntnisse verpassen? Wäre es nicht langweilig, einfach nur geradeaus gehen zu müssen? Wer sagt uns, dass in der Zwischenzeit nicht neue Straßen gebaut werden, welche für das Erreichen unseres Ziels besser geeignet sind als die Straßen, über welche uns das Navi schicken möchte? Wenn das Upgrade für das Navi fehlt, hilft auch die Navigation nicht mehr viel.

Ein Upgrade ist dabei jedoch äußerst wichtig und fundamental für unsere Ziele. Denn wir verändern uns. Auf dem Weg zu unserem Ziel verändern wir uns, weil wir uns immer mehr unserem wahren Ich nähern. Wir lernen uns immer mehr selbst kennen, legen Masken ab, welche wir uns aufgesetzt haben und sehen möglicherweise eine Person im Spiegel, welche wir im ersten Moment gar nicht wiedererkennen.

Wir verändern uns und ändern unsere Ansichten und vielleicht sogar unsere Ziele. Wer sagt uns, dass wir dem richtigen Ziel hinterherlaufen? Wer sagt uns, dass unser Ziel tatsächlich unser Ziel ist, wenn wir unsere Reise mit einer Maske auf dem Gesicht starten?

Je eher wir die Maske ablegen, umso früher kommt unser wahres Ich mit seinen wahren Wünschen und Bedürfnissen zum Vorschein. Stellen wir uns aus diesem Grund immer und immer wieder die Frage, was wir im Leben wollen und welches Ziel wir verfolgen. Möglicherweise bleibt unser Ziel dasselbe, doch in anderen Fällen kann es sein, dass sich unsere Ziele vollkommen ändern.

Wenn sich unsere Ziele ändern, ist es wichtig, dass sich diese nicht ändern, weil uns die Motivation fehlt, weiter auf dem Weg zu gehen und wir uns schlicht und ergreifend zufriedenstellen, sondern es ist wichtig, dass wir sicherstellen, dass sich unsere Ziele ändern, weil unsere persönliche Entwicklung diese Änderung erfordert.

Nutzen wir für diese Momente der Selbstreflexion deshalb immer solche, in welchen es uns rundum gut geht und in welchen wir von uns selbst behaupten können, eine positive Einstellung zu haben.

Wir sind nicht gescheitert, wenn wir unsere Ziele ändern – wir haben schlicht und ergreifend einen Weg ausschließen können, welchen wir nicht weiter gehen wollen. Während wir dieses Ziel hinter uns lassen, dürfen wir jedoch die Erfahrungen, welche wir auf dem Weg dorthin gesammelt haben, mit uns mitnehmen und für unseren künftigen Weg nutzen.

Wenn wir nun ein praktisches Beispiel nennen wollen, welches viele Menschen bestimmt kennen, können wir uns die Thematik des Abnehmens ansehen.

Es ist nicht immer einfach abzunehmen, im Plan zu bleiben und hart an dem Traum einer schönen Figur zu arbeiten. Es kann vorkommen, dass wir an einigen Tagen aus Versehen über das lästige Springseil stolpern, uns dabei den Fuß verknacksen und zu allem Überfluss auch noch mit offenem Mund direkt in die Sahnetorte fallen, nachdem sich der Kühlschrank von ganz alleine geöffnet hat.

Sehen wir unsere „Fehler" nicht als Fehler, sondern als Erfahrungen, bekommen diese direkt einen vollkommen anderen Beigeschmack. In dem Moment, in dem wir in die Sahnetorte gefallen sind und sie aus Versehen ganz verschlungen haben, haben wir das Bedürfnis verspürt, die Torte zu essen. Zwar kann es sein, dass wir jetzt Bauchweh haben, doch auch das ist eine Erfahrung, welche uns reicher macht und auf das nächste Mal, wenn wir wieder einmal über ein Springseil stolpern sollten, vorbereitet.

Gestehen wir uns ein, dass uns Dinge nicht einfach passieren, sondern übernehmen wir Verantwortung für unser Handeln, ohne uns schuldig zu fühlen oder uns die Schuld zusprechen zu wollen. Wir haben die Sahnetorte gegessen. Wir haben die Präsentation nicht angenommen. Wir haben die Dienstreise abgelehnt. Punkt und basta. Wir haben eine Entscheidung getroffen. Ob uns diese in dem Moment nach vorne bringt oder nicht, ist erst einmal nicht entscheidend. Was entscheidend ist, ist die Tatsache, dass wir eine Entscheidung getroffen haben und die Verantwortung für diese übernehmen.

Wichtig ist, dass wir die Entscheidung zu unseren Gunsten treffen und nicht, weil diese die leichteste und einfachste ist. Denn getreu Xavier Naidoo: „Dieser Weg wird kein leichter sein, dieser Weg wird steinig und schwer!" Ein weiterer Ohrwurm für den

Soundtrack Ihrer Reise der Persönlichkeitsentwicklung.

Treffen Sie Entscheidungen immer so, dass Sie sie vertreten können, ohne sich zufriedenzustellen und seien Sie sich unter Umständen darüber bewusst, dass Sie diese Entscheidungen ausbremsen können. Auch hier sollten Sie sich wieder vor Augen führen, dass es keine Schande und keinesfalls negativ ist, ab und an etwas herunterzufahren und langsamer zu machen. Wir brauchen Pausen und Momente der Entspannung, um im Anschluss daran motiviert weitermachen zu können.

Brauchen Sie gerade eine Pause und überlassen die Dienstreise lieber einem anderen Kollegen? Vollkommen ok! Sie möchten gerne ein Stück Torte essen, weil Sie sonst das Gefühl haben durchzudrehen und nur so am nächsten Tag wieder motiviert durchstarten können? Ebenfalls vollkommen legitim!

Ja, es ist wichtig, motiviert und fokussiert am Ball zu bleiben, doch es ist ebenso wichtig, Ihre Ziele nicht nach dem Motto „Ohne Rücksicht auf Verluste" erreichen zu wollen. Vor allem dann nicht, wenn Ihr Glück, Ihre Motivation und Ihr Wohlbefinden darunter leiden. Auf dem geraden Weg mögen Sie vielleicht schneller vorankommen, doch auf der Autobahn, mit einem neuen Auto, bei hoher Geschwindigkeit und müden Augen, ist die Gefahr, einen Unfall zu bauen, deutlich größer, als wenn Sie langsam, mit Pausen und auf unterschiedlichen Straßen hin zu Ihrem Ziel fahren. Es spricht nichts dagegen, Auffahrten auf die Autobahn zu nehmen und diese über Ausfahrten zu verlassen, um Strecken zum Teil auf Landstraßen zu fahren oder an Raststätten anzuhalten und eine Pause zu machen.

Es ist Ihr Leben. Es ist Ihr Weg. Es sind Ihre Entscheidungen. Es ist Ihre Verantwortung. Sie entscheiden. Sie sind Fahrer und Navi in einem.

Was wollen SIE?

Sie sind der Fahrer und nicht der Beifahrer. Sie sind der Schauspieler und nicht der Zuschauer. Sie sind der Erzähler und nicht der Zuhörer. Sie sind der Regisseur Ihres Lebens und aus diesem Grund ist es wichtig, dass Sie Ihre Ziele verfolgen. Es ist wichtig, dass Sie definieren, was Sie erreichen möchten und nicht, was andere Menschen von Ihnen erwarten.

DEFINIEREN SIE IHRE ZIELE

Die wichtige Frage, welche sich nun stellt, ist jene danach, welche Ziele wir überhaupt haben. Was wollen wir in unserem Leben erreichen? Was ist uns wichtig? Träumen Sie dabei groß und stellen Sie sich die tollsten Szenarien vor. Nur wenn Sie groß träumen, werden Sie die Motivation aufbringen können, welche Sie brauchen, um auf der langen Straße immer weiter nach vorne gehen zu können. Wenn Sie sich mit wenig zufriedengeben, können Sie genauso gut in Ihrer Komfortzone bleiben und weiterhin gemeinsam mit dem inneren Schweinehund auf der Couch sitzen und den Film „Und wenn…" ansehen.

Doch genau das sollten Sie nicht machen. Träumen Sie groß und reisen Sie mit Ihren Gedanken zu dem Ort, an welchem Sie sich selbst in 10 Jahren sehen. Was wünschen Sie sich für sich selbst? An welchem Ort sehen Sie sich? Welche Erfolge haben Sie für sich erreicht?

Träume zu träumen und Ziele zu definieren ist nicht immer einfach und kann mitunter auch einiges an Zeit in Anspruch nehmen. Der erste Schritt dabei ist, dass Sie sich Ihre Ziele, Wünsche und Träume gönnen. Nur wenn Sie sich das Erreichen Ihrer Träume und Wünsche aus vollem Herzen gönnen, schaffen Sie die fundamentalen Voraussetzungen für das tatsächliche Erreichen der Ziele.

Um Ihre Ziele etwas besser formulieren zu können, können Sie sich einige Fragen stellen, welche Ihnen bei dieser Definition helfen. Mitunter können dies Fragen wie die folgenden sein:

- Bin ich mit meiner jetzigen Situation zufrieden?
- Habe ich Dinge, welche ich ändern möchte und, wenn ja, in welchen Bereichen liegen diese?
- Mit welcher Situation würde ich mich gut (nicht besser!) fühlen?
- Wovon habe ich als Kind geträumt?
- Habe ich mich in meinem Leben zufriedengegeben anstatt weiter an mir und meinen Träumen zu arbeiten?
- Bin ich vollkommen zufrieden und glücklich?

Diese Fragen können unter anderem dabei helfen, die persönlichen Wünsche und Träume zu definieren und den entsprechenden Weg einzuschlagen, um die Ziele erreichen zu können.

Akzeptanz: Wir akzeptieren unsere jetzige Situation und machen uns nicht selbst nieder. Wir lieben uns selbst und leben im Moment.

Zufriedengeben: Wir geben uns mit dem, was wir haben, zufrieden und hören auf, an uns selbst und unseren Zielen zu arbeiten, weil wir uns selbst einreden, dass der Punkt, an welchem wir grade stehen, eigentlich gar nicht so schlecht ist.

Der Punkt, an welchem wir stehen, ist nicht schlecht. Wir befinden uns genau an dem Punkt, welcher uns die Möglichkeit gibt, über uns hinauszuwachsen und unsere Ziele und Träume zu erreichen. Doch dieser Punkt ist zur selben Zeit keiner, mit welchem wir uns zufriedenstellen sollten, nur weil wir gelernt haben, uns zu jedem Zeitpunkt zu lieben und zu akzeptieren.

Wir lieben uns nicht mehr und unser Wert wächst auch nicht, wenn wir erfolgreicher sind, doch wir erreichen unsere Ziele, Träume und den Erfolg, welcher uns ein unbeschwertes Leben ermöglicht.

TEILEN SIE DIE ZIELE IN KLEINE ETAPPEN EIN

Wenn Sie von unten nach oben blicken, wird der Blick nach oben – hin zu Ihrem Ziel – im ersten Moment erschreckend, beängstigend und vor allem unmöglich erscheinen. Das ist vollkommen normal – schließlich ist es nach oben ein langer Weg. Es ist ein langer und harter Weg an die Spitze und es kann viel Zeit in Anspruch nehmen, bis Sie das Ziel erreicht haben.

Wir Menschen brauchen Erfolge, um motiviert zu bleiben. Wir Menschen brauchen Pausen, um neue Kraft sammeln zu können. Wir Menschen brauchen positive

Erfahrungen, um immer weiter am Ball zu bleiben und auch auf Durststrecken durchhalten zu können.

Aus diesem Grund ist es umso wichtiger, dass wir uns unseren Weg in viele kleine Etappen aufteilen. Sehen wir den Weg nicht als Ganzes, sondern in kleinen Etappen, welche wir nach und nach und Schritt für Schritt bewältigen können. Wir können in kleinen Schritten nach vorne gehen, Erfolgserlebnisse erzielen und somit immer am Ball bleiben.

Wir können nicht erwarten, nach einem Tag strikter Diät auszusehen wie das Topmodel auf dem Laufsteg und wir dürfen auch nicht von uns selbst erwarten, nach einer Woche harter Arbeit im Büro direkt zum Projektleiter des neuesten Projektes gewählt zu werden – wir dürfen groß träumen, sollten zugleich aber davon absehen, unsere Erwartungen zu hoch zu setzen. Wir dürfen groß träumen und wir dürfen auch davon überzeugt sein, dass wir unsere Ziele erreichen werden, dennoch sollten wir mit beiden Beinen auf dem Boden bleiben und unsere Chancen realistisch einschätzen. Wie realistisch ist es, einen gewissen Erfolg in einem bestimmten Zeitraum zu erreichen?

Welches Etappenziel können wir erreichen, um unserem großen Ziel einen weiteren Schritt näher zu kommen? Diese Fragen sind wichtig, um unsere Etappenziele bestimmen und verfolgen zu können.

DIE GEWOHNHEITEN UND DER INNERE SCHWEINEHUND

Ein weiterer Grund, wieso Menschen teilweise recht große Schwierigkeiten damit haben, die Reise der Persönlichkeitsentwicklung zu starten und an sich und ihren Träumen und Wünschen zu arbeiten, findet sich in dem bereits erwähnten inneren Schweinehund. Dieser geht Hand in Hand mit den schlechten Gewohnheiten, welche gemeinsam mit dem inneren Schweinehund auf der Couch sitzen und Sie davon abhalten wollen, an sich zu arbeiten.

Schlechte Gewohnheiten stellen auf dem Weg zu unserem Erfolg allerdings Hindernisse dar, welche wir mit einigen Tipps und Tricks ablegen bzw. in positive Gewohnheiten umwandeln können.

Schlechte Gewohnheiten haben sich mit einem negativen Hintergedanken in Ihr Leben eingeschlichen und nach und nach immer mehr in diesem etabliert. Doch sicherlich kennen Sie in diesem Zusammenhang auch den Spruch:

„Gut gemeint ist nicht gleich gut gemacht."

Um die negativen Gewohnheiten ablegen und durch positive Verhaltensweisen austauschen zu können, ist es wichtig, dass Sie sich darüber bewusstwerden, dass Sie sich die schlechten Gewohnheiten aus einem ganz bestimmten Grund angeeignet haben.

Eine Gewohnheit ist eine automatische Reaktion, welche sich abspielt, sobald Sie einen Reiz haben, auf welchen Sie mit dieser Gewohnheit reagieren. Dieser Reiz kann ein Gefühl, ein Gedanke oder auch ein Wert sein, welchen wir verspüren, wenn Sie auf bestimmte Situationen oder Personen stoßen und diesen bereits mit einem bestimmten Wertesystem begegnen.

Nehmen wir das Beispiel der Enttäuschung. Wenn Sie enttäuscht sind, ist dies kein angenehmes Gefühl, das Sie gerne verspüren. Vielmehr ist die Enttäuschung für uns ein Gefühl, welches wir so schnell wie möglich loswerden und ersetzen wollen. Sie suchen somit nach Dingen und Möglichkeiten, von welchen Sie wissen, dass sie Sie glücklich machen und in einen deutlich besseren und positiveren Zustand versetzen.

Das kann für den einen der Griff zur Schokoladenpackung und für den anderen das Rauchen einer Zigarette sein. Ein wieder anderer kaut Nägel, knirscht mit den Zähnen oder begibt sich in ein Fast-Food-Restaurant und isst sich dort an Mengen satt, mit welchen selbst Obelix zu kämpfen hätte.

Ganz egal, mit welchem Verhalten bzw. mit welcher Reaktion wir auf den Reiz reagieren, welcher das Gefühl der Traurigkeit in uns hervorgerufen hat, erhoffen wir uns von diesem eine Besserung unseres Gemütszustandes. Diese Besserung tritt tatsächlich ein, ist jedoch immer nur von temporärer Dauer. Für unser Gehirn spielt die Dauer jedoch erst einmal keine Rolle, sondern es merkt sich, dass wir auf den Reiz und auf das Gefühl, welches dieser in uns hervorgerufen hat, mit dem Griff zu den Süßigkeiten oder dem Kauen der Fingernägel reagieren.

Unsere Reaktion veranlasst unser Gehirn dazu, für einen Moment Glückshormone auszuschütten, was wir selbst ebenfalls als positiv empfinden. Je öfter wir auf einen bestimmten Reiz und auf ein bestimmtes Gefühl mit einer gewissen Handlung reagieren, umso mehr merkt sich das Gehirn diese Reaktionskette.

Um sich die Energie zu sparen, welche es aufbringen muss, um diese Reaktion ins Rollen zu bringen, und diese stattdessen an anderer Stelle verwenden zu können, etabliert unser Gehirn unsere Reaktion auf die Reize als automatisierte Vorgänge, welche wir als Gewohnheiten kennen.

Diese automatisierten Vorgänge sind im Grunde genommen äußerst positiv, indem diese unserem Gehirn viel Arbeit und Energie sparen, doch es ist wichtig, dass wir diese Handlungen nicht nur bezüglich ihres temporären Effektes betrachten, sondern analysieren, wie sich diese auf die Dauer gesehen verhalten. So ist der Griff zur Schokolade nicht unbedingt die beste Lösung, um Stress abzubauen und das Kauen an den Nägeln mag im ersten Moment für Entspannung sorgen, bringt auf Dauer jedoch kaputte und unter Umständen blutige Fingerspitzen mit sich.

Beobachten Sie sich selbst, analysieren Sie, auf welche Art und Weise Sie in bestimmten Situationen reagieren und analysieren Sie Ihr Verhalten, um feststellen zu können, welche Gewohnheiten Sie überhaupt haben und festzustellen, ob Sie diese auf längere Sicht gesehen als positiv oder negativ einstufen.

Haben wir unsere negativen Gewohnheiten herausgefunden, können wir an diesen arbeiten. Dazu muss auch gesagt werden, dass sich negative Gewohnheiten bei jedem Menschen auf eine andere Art und Weise manifestieren können. So reagiert jeder Mensch auf Trauer, Wut, Enttäuschung und andere Reize mit jeweils anderen Gewohnheiten:

- Wir verkriechen uns im Bett und sehen den ganzen Tag fern.
- Wir schließen uns zu Hause ein und gehen nicht mehr hinaus.
- Wir gehen Frustshoppen und geben Geld für Dinge aus, welche wir gar nicht brauchen.
- Wir essen viel zu viele Dinge, welche wir gar nicht bewusst genießen können.

Im Grunde genommen könnte diese Liste immer weitergeführt werden, weshalb wir uns Zeit nehmen sollten, um uns mit uns selbst und unseren Gewohnheiten zu beschäftigen.

Es ist wichtig, die negativen Gewohnheiten nicht unter Zwang vertreiben zu wollen, da diese genauso resistent und penetrant wie der innere Schweinehund sind. Man munkelt, dass die schlechten Gewohnheiten und der innere Schweinehund Blutsverwandte sind. Aus diesem Grund bringt es nichts, wenn Sie den schlechten Gewohnheiten den Mietvertrag kündigen, sie vor die Tür setzen und einen neuen Mitbewohner zu sich einladen – die schlechten Gewohnheiten ekeln diesen in Nullkommanichts, gemeinsam mit Hilfe des inneren Schweinehundes aus der Wohnung und übernehmen erneut das Feld.

Es ist also wichtig, ein Umfeld zu schaffen, welches die schlechten Gewohnheiten dazu veranlasst, sich von alleine aus dem Staub zu machen. Wie vertreibt man negative Dinge am besten? Durch positive! Positivität und Negativität stoßen sich ab: Positivität zieht positive Dinge an und wir können somit die schlechten Gewohnheiten schleichend wegschicken, wenn wir die richtigen Rahmenbedingungen für die guten Gewohnheiten schaffen.

Wir müssen es schaffen, unser Gehirn dazu zu bewegen, neue Gewohnheiten als automatisierte Handlungen zu etablieren, wenn wir es mit einem bestimmten Reiz zu tun haben. Neue Gewohnheiten zu etablieren ist jedoch wieder mit Energieaufwand verbunden und unser Gehirn möchte nicht unnötig Energie verschwenden, wenn es bereits eine Handlung etabliert hat, durch welche wir Erleichterung verspüren.

Folglich ist es wichtig, einen Schritt nach dem anderen zu tätigen und uns eine Gewohnheit nach der anderen vorzunehmen, um an ihr arbeiten zu können.

Es dauert in der Regel circa 60 Tage, bis sich eine neue Gewohnheit etabliert.

Nehmen wir uns eine Gewohnheit vor, packen wir sie an und überlegen uns, durch welches Verhalten wir ebenfalls Glückshormone freisetzen, Stress abbauen und somit auf bestimmte Reize reagieren können.

Behalten Sie immer im Hinterkopf: Niemand wird gerne ausgetauscht – auch keine Gewohnheiten – und niemand möchte gerne mehr machen als notwendig, wenn das alte System funktioniert – auch kein Gehirn. Aus diesem Grund braucht es durchaus Zeit und Durchhaltevermögen, um die negativen Gewohnheiten durch positive, automatisierte Handlungen ersetzen zu können, doch dieser Schritt ist sehr wichtig und fundamental, um den Weg zum Erfolg gut bestreiten zu können.

SIE GÖNNEN SICH DEN ERFOLG, DAS GLÜCK UND DAS WOHLBEFINDEN NICHT

Wieso sollte gerade ich zum Erfolg kommen und meine Wünsche und Ziele erreichen können? Wieso sollte nicht jemand anders das Glück genießen dürfen, erfolgreich und materiell reich zu sein?

Das sind Fragen, welche sich viele Menschen stellen und von welchen sie sich abhalten lassen, wenn sie träumen und ihre Wünsche und Ziele definieren.

Statt vergeblich eine Antwort auf diese Fragen zu suchen oder diese als rhetorische Fragen abzuschreiben, sollten Sie sich eine einfache und wichtige Gegenfrage stellen: ***„Wieso nicht ich?"***

Was spricht dagegen, dass nicht auch Sie erfolgreich sein werden? Was spricht dagegen, dass nicht auch Sie materiell und emotional reich werden? **NICHTS!** Es spricht absolut nichts dagegen, dass auch Sie erfolgreich und glücklich sind und Ihre Wünsche, Träume und Ziele erreichen.

Dass Sie erfolgreich sind, schließt nicht aus, dass auch jemand anderes erfolgreich ist, genauso wie es keinen Gegensatz darstellt, dass ein anderer erfolgreich ist, während auch Sie sich über Erfolg freuen dürfen.

Erfolg ist kein Monopol, welches für nur einen Menschen bestimmt ist, sondern Erfolg ist ein Faktor, den jeder Mensch in die Gleichung seines Lebens holen kann.

Werden Sie sich darüber bewusst, dass jeder Mensch das Potenzial dazu hat, erfolgreich und reich zu werden und dass es rein an Ihnen liegt, welche Schritte Sie einleiten, wie determiniert Sie am Ball bleiben und wie hart Sie an Ihren Wünschen und Zielen arbeiten. Es scheint so offensichtlich zu sein und dennoch wählen immer noch viel zu wenige Menschen den Weg des Erfolges: Es liegt in Ihrer Hand.

Allerdings müssen Sie den Erfolg nicht nur theoretisch wollen und begehren, sondern Sie müssen ihn ganz klar manifestieren, visualisieren und ihn sich aus vollem Herzen gönnen. Nur wenn Sie sich den Erfolg aus vollem Herzen gönnen und sich für sich selbst freuen können, können Sie auch wirklich zum Erfolg kommen.

Lernen Sie Ihren unendlichen Selbstwert kennen, werden Sie sich darüber bewusst, dass Sie unendlich wertvoll sind und es verdient haben, glücklich und rundum erfolgreich zu sein. Sie sind es wert, Sie haben es verdient und Sie werden es schaffen. Sie können es nicht schaffen, sondern Sie werden es schaffen. Es ist keine Frage, „ob" Sie es schaffen werden, sondern lediglich eine zeitliche Frage – „wann". Einige Ziele nehmen mehr Zeit in Anspruch als andere und einige Menschen sind schneller erfolgreich als andere. Das heißt nicht, dass einige Menschen den Erfolg weniger verdient haben als andere.

Sagen Sie es sich jeden Tag, immer und immer wieder als Mantra vor:

„Ich habe es verdient, glücklich und erfolgreich zu sein."

Ihr Unterbewusstsein muss sich davon überzeugen, dass Sie erfolgreich und reich sind, um Ihnen die Einstellung mit auf den Weg geben zu können, welche Sie brauchen, um Ihren Weg gut und determiniert anzugehen und zu bestreiten. Das ist ein Lernprozess, der Zeit in Anspruch nimmt und dem Sie sich hingeben müssen. Lassen Sie sich auf den Prozess ein und füllen Sie Ihr Unterbewusstsein nach und nach mit positiver Energie, welche die graue, schwarze Umgebung mit Licht erfüllt und immer mehr vertreibt.

Am Anfang wird es Ihnen vielleicht wie eine Lüge vorkommen, wenn Sie sich selbst immer wieder sagen, dass Sie sich den Erfolg gönnen und diesen verdient haben. Schließlich haben Sie viele Jahre Ihres Lebens damit verbracht, sich in den Schatten anderer Menschen zu stellen und Ihr Licht nicht leuchten zu lassen.

Wenn Sie sich über Jahre hinweg immer und immer wieder gesagt haben, dass Sie es nicht verdient haben, erfolgreich zu sein und alle anderen besser sind als Sie, nimmt Ihr Unterbewusstsein diese Information auf und verinnerlicht sie. Die Einstellung Ihres Unterbewusstseins trägt dann dazu bei, dass Sie sich auch dementsprechend verhalten, unmotiviert sind und nicht wirklich fokussiert an Ihren Zielen und Wünschen arbeiten. Mit der Zeit werden Sie jedoch feststellen, dass Sie sich mit positiven Affirmationen – einem Mantra – die Wahrheit mitteilen und damit all die negativen Aussagen, mit welchen Sie das Unterbewusstsein zuvor genährt haben, nach und nach wegschicken. Genießen Sie die Positivität, welche Ihr Inneres erfüllt, und baden Sie im Selbstwertgefühl und der Selbstliebe, welche einer positiven Einstellung des Unterbewusstseins entspringen.

Gönnen Sie sich den Erfolg und feiern Sie das Erreichen kleiner Etappenziele. Gehen Sie etwas trinken, kaufen Sie sich ein neues Paar Schuhe, verbringen Sie ein Wochenende im Wellnesshotel oder feiern Sie eine Party! Zu übertrieben? Wer sagt das? Wer bestimmt, wie Erfolge zu feiern sind und welcher Rahmen angemessen ist? Wer verbietet Ihnen, eine Party zu feiern? Feiern Sie so, wie Sie das möchten und wie es sich für Sie am besten anfühlt. Denn Sie haben es verdient und Sie sind es wert!

SIE BEFINDEN SICH IN DER OPFERROLLE

Wieso eigentlich immer ich? Wieso passieren negative Ereignisse eigentlich nur mir? Wieso hat sich das Schicksal gegen mich verschworen? Womit habe ich das verdient? Wieso geht es anderen Menschen so viel besser als mir? Wieso haben andere Menschen Erfolg und ich nicht?

„Das Gras des Nachbarn ist immer grüner."

Erfolg ist die Spitze des Eisbergs, welche aus dem tiefen Ozean heraussticht und welche wir somit sehen können. Den größten Teil des Eisbergs – der Teil, welcher sich unter der Oberfläche des Wassers befindet – sehen wir nicht. Dieser Teil ist jedoch der wichtigste Bestandteil und setzt sich zusammen aus:

- Motivation

- Durchhaltevermögen
- Herausforderungen
- Rückschlägen
- Selbstzweifeln
- Fokus
- Frust
- kleinen Etappenzielen
- Entschlossenheit

Es ist einfach, Menschen für ihren Erfolg zu beneiden, wenn wir nicht wissen, welchen Weg sie gegangen sind, welche Rückschläge sie einstecken mussten und wie viel Arbeit, Kraft und Zeit sie in das Erreichen des Ziels gesteckt haben.

Wir Menschen neigen dazu, davon auszugehen, dass wir am ärmsten und am schlechtesten dran sind und alle anderen Menschen um uns herum erfolgreicher sind, einen leichteren Weg gehen und allgemein schneller, einfacher und besser zum Erfolg kommen als wir.

Es kann durchaus sein, dass wir Menschen in einer Phase ihres Lebens begegnen, in welcher sie barfuß über eine Blumenwiese laufen, während wir mit Bergschuhen, Kletterausrüstung und Sauerstoffmaske den Mount Everest erklimmen müssen. In diesen Phasen lassen wir uns gerne dazu verleiten, uns mit anderen Menschen zu vergleichen.

Vergessen wir dabei nie, dass jeder Mensch anders ist und jeder Mensch einen anderen Weg geht. Möglicherweise haben mehrere Menschen dieselben Ziele, gehen jedoch andere Wege, um diese zu erreichen. Vergleichen Sie sich nicht mit anderen Menschen und lassen Sie sich demnach nicht dazu verleiten, sich in die Opferrolle zu begeben, in Selbstmitleid zu ertrinken und von Ihrem Weg abzukommen.

Sie wissen nie, welchen Weg Ihre Mitmenschen bereits gegangen sind oder welcher Weg vor ihnen liegt. Sie haben nicht ihre Schuhe getragen, sind nicht ihren Weg gegangen und können somit nicht einschätzen, wie viel Kraft, Zeit und Durchhaltevermögen sie aufbringen mussten, um an dem Punkt zu stehen, an dem sie sich jetzt befinden.

Sehen Sie sich, fokussieren Sie sich auf Ihren Weg und freuen Sie sich für andere Menschen. Sie sind weder besser noch schlechter, sondern Sie sind schlicht und ergreifend SIE! Sie gehen Ihren Weg und geben auf ihm immer Ihr Bestes. Sie sind kein Opfer des Schicksals, welches es nicht gut mit Ihnen meint, sondern, wie es ein weiterer kluger Spruch will:

„Jeder ist seines Glückes Schmied!"

Sie sind kein Opfer, wenn Sie kein Opfer sein wollen. Sie sind ein Gewinner, wenn Sie ein Gewinner sein wollen. Kein Mensch ist von Natur aus ein Opfer oder ein Gewinner.

Kein Mensch weiß direkt, welchen Weg er gehen soll und selbst mit einem Navi kann es immer wieder zu Änderungen der Pläne kommen, welche uns dazu verleiten, andere Wege einzuschlagen.

Hören Sie auf, sich die Frage „Warum immer ich?" zu stellen, sondern führen Sie sich in diesen Momenten vor Augen, was Sie bereits alles geschafft haben, wofür Sie kämpfen und welche positiven Erkenntnisse Sie aus Ihrer jetzigen Situation mitnehmen können.

SIE ÜBERNEHMEN KEINE SELBSTVERANTWORTUNG

Ihr Erfolg, Ihr Glück und Ihr Wohlbefinden liegt in Ihren Händen. Sie haben es in der Hand, ob Sie glücklich und erfolgreich werden und ob Sie Ihre Ziele erreichen.

Genauso wenig wie Sie sich in die Opferrolle begeben sollten, sollten Sie die „Schuld" immer bei sich selbst suchen. Sie sollten jedoch auch davon absehen, die Schuld für Ihre aktuelle Situation und Ihren aktuellen Zustand bei anderen Menschen zu suchen.

„Schuld" ist ein Wort mit negativem Beigeschmack und wird aus diesem Grund auch nicht gerne im Zusammenhang mit der eigenen Person verwendet. Dass Sie nicht ins Handeln kommen oder sich nicht wohlfühlen, hängt nicht mit anderen Menschen zusammen, sondern basiert immer auf Ihnen. Sehen Sie sich in diesem Zusammenhang nicht als „Schuldiger" an, nehmen Sie jedoch zur Kenntnis, dass Sie von sich selbst und nicht von anderen Menschen abhängig sind.

Sie begeben sich in die Opferrolle und übernehmen keine Selbstverantwortung. Hören Sie auf, sich als Opfer Ihres Schicksals und Ihrer Mitmenschen zu sehen und übernehmen Sie Selbstverantwortung. Sicherlich ist es einfacher, einen Sündenbock zu haben – am besten in der Form des Schicksals oder anderen Menschen – sich zurückzulehnen und in Selbstmitleid zu versinken, als an sich selbst zu arbeiten, das eigene Verhalten und die persönlichen Glaubenssätze zu analysieren und an ihnen zu arbeiten.

Doch was macht Sie auf Dauer glücklicher? Wie kommen Sie zu Ihren Zielen? Wie finden Sie heraus, was Sie wirklich im Leben wollen und wie kommen Sie ins Handeln? Indem Sie Verantwortung für sich selbst, Ihr Leben und Ihre Entscheidungen übernehmen.

Wenn Sie Selbstverantwortung übernehmen, bedeutet das, dass Sie:

- Ihre Gefühle bewusst wahrnehmen, zulassen und sich von ihnen verabschieden, ganz egal, ob sie einer positiven oder einer negativen Quelle entspringen.
- erkennen und wissen, was Sie wollen und alle Schritte in die Wege leiten, welche Sie brauchen, um Ihre Ziele zu erreichen.

- wissen, was gut für Sie ist und was Ihnen nicht guttut.
- sich aktiv um Ihr Wohlbefinden bemühen und sich selbst ernstnehmen.
- zu Ihren Entscheidungen stehen und sich im Anschluss nicht in die Opferrolle begeben oder Erfolge dem Zufall zusprechen, anstatt sich selbst zu feiern und sich für das Erreichen Ihres Meilensteins oder Ziels zu loben.

Übernehmen Sie die Verantwortung für Ihr Leben und für sich selbst – denn es wird niemand anderes für Sie tun. Übernehmen Sie Selbstverantwortung und freuen Sie sich in diesem Zusammenhang auf ein zufriedeneres und deutlich glücklicheres Leben. Die Selbstverantwortung stellt den Schlüssel für viele weitere Aspekte in Ihrem Leben und in Zusammenhang mit der Persönlichkeitsentwicklung dar. Nur wenn Sie Verantwortung für sich selbst und für Ihr Leben übernehmen, erkennen Sie negative Gefühle und Glaubenssätze und können sie lösen. Nur wenn Sie Selbstverantwortung übernehmen, treffen Sie Entscheidungen bewusst und kommen Ihrem Ziel Schritt für Schritt immer näher.

Die Frage, welche Sie sich in diesem Zusammenhang vielleicht stellen, ist, wie Sie Selbstverantwortung für Ihr Leben und Ihre Entscheidungen übernehmen. Wie schaffen Sie es, ein erfülltes, glückliches und erfolgreiches Leben mit dem Bewusstsein zu führen, dass Sie Ihr Leben in der Hand haben, aktiv ins Handeln kommen und die Verantwortung für Ihre Gedanken, Verhaltensmuster und Entscheidungen tragen müssen?

Um Selbstverantwortung für Ihr Leben zu übernehmen, helfen Ihnen ein paar wichtige und fundamentale Schritte:

- <u>Kommen Sie aus der Opferrolle heraus</u>

Niemand außer Sie ist dafür verantwortlich, wie Sie sich im Leben fühlen, was Sie machen und was Sie schaffen können. Sie bestimmen, welche Gefühle, welche Aussagen und welche Menschen Sie in Ihr Leben lassen und wem Sie die Macht darüber geben, Ihre Laune, Ihr Selbstbewusstsein und Ihre Schritte auf dem Weg zum Erfolg zu beeinflussen.

- <u>Lassen und geben Sie Fehler zu</u>

Sie handeln, Sie erzielen Erfolge und Sie können unter Umständen scheitern. Auch wenn Sie mit einem positiven Gefühl und Selbstvertrauen an eine Sache herangehen, kann es immer passieren, dass Sie Fehler machen. Wichtig ist, dass Sie sich Ihrer Verantwortung nicht entziehen, sondern sich eingestehen und akzeptieren, einen Fehler gemacht zu haben. Jeder Mensch macht Fehler. Sie werden nicht das letzte Mal einen Fehler gemacht haben. Kein Mensch ist perfekt. Lassen Sie die Fehler zu und nehmen Sie sie als Anlass, es das nächste Mal besser zu machen.

Treffen Sie Ihre Entscheidungen

Sicherlich dürfen Sie die Meinung anderer Menschen einholen und Sie dürfen andere um Rat fragen. Verzichten Sie jedoch darauf, anderen Menschen Ihre Entscheidungen zu übertragen. Kein Mensch außer Sie selbst steckt in Ihrem Körper und ist Ihren Weg in Ihren Schuhen gelaufen. Kein Mensch außer Ihnen kann eine authentische Entscheidung für Sie treffen. Treffen Sie Entscheidungen bewusst und sehen Sie sich selbst an der ersten Stelle der Prioritätenliste. Oft treffen Menschen Entscheidungen, um andere Menschen zufriedenzustellen oder Erwartungen zu erfüllen, welche an sie gestellt werden. Sie geben Ihren Job auf und orientieren sich um? Sie machen das, weil Sie das wollen? Dann kann es Ihnen herzlich egal sein, was Ihr Umfeld von Ihrer Entscheidung hält. Solange Sie Ihrem Willen und Ihren Wünschen folgen und Entscheidungen in diesem Zusammenhang bewusst treffen, kann Ihnen niemand sagen, dass Sie nicht erfolgreich sind.

Definieren Sie Ihre Ziele klar

„Wie gern würde ich …", „Eigentlich hätte ich gerne …", „Wenn ich nur könnte …" – kennen Sie diese Sätze? Kennen Sie die Formulierungen, mit denen Sie Ihre Wünsche und Ziele so äußern, als ob Sie sie nicht erreichen könnten? Was spricht dagegen, dass Sie Ihre Ziele erreichen? Wer hält sie davon ab, ins Handeln zu kommen und die Straße, welche Sie zu Ihrem Erfolg führt, zu begehen? Nur Sie und Ihre fehlende Selbstverantwortung.
Formulieren Sie Ihre Ziele ganz klar und deutlich. Streichen Sie Wörter wie „hätte", „würde", „könnte" aus Ihrem Wortschatz und passen Sie Ihre Sprache an: *„Ich kann mein Ziel erreichen", „Ich werde mein Ziel erreichen."* Sie wissen zwar nicht, welchen Hindernissen Sie auf Ihrem Weg begegnen und welche Hürden Sie um viele Erfahrungen reicher machen werden, bevor Sie an dem großen Endziel ankommen, doch Sie haben das Bewusstsein darüber, dass Sie mit Willenskraft, Entschlossenheit, Selbstliebe und Selbstverantwortung an Ihr Ziel kommen. Verzichten Sie bei der Definition Ihrer Ziele auf die allgemeinen Aussagen wie „man" oder „wir", sondern benutzen Sie ganz gezielt und bewusst das Personalpronomen „ich". Es geht um Sie und um Ihr Leben. Es geht um Ihr Wohlbefinden und Ihre Wünsche und Ziele. Sie stehen an der ersten Stelle und reden nicht über eine Person, welche Sie kennen, sondern Sie reden von sich. Begeben Sie sich nicht in die passive Sprache, sondern leben Sie Ihr Leben aktiv, treffen Sie Ihre Entscheidungen aktiv, formulieren Sie Ihre Ziele aktiv und handeln Sie aktiv und mit Selbstverantwortung.

Sie haben keine Motivation
Wieso möchten Sie Ihr Ziel erreichen?

Das ist eine Frage, welche auf den ersten Blick vielleicht lächerlich erscheinen mag, auf den zweiten Blick für viele Menschen jedoch nicht leicht zu beantworten ist.

Wieso wollen Sie das Ziel, welches Sie vor Ihrem inneren Auge haben, erreichen?

Bei dieser Frage handelt es sich um eine fundamentale Schlüsselfrage, um herauszufinden, wessen Ziel Sie verfolgen. Es ist die Schlüsselfrage, welche Ihnen die Augen öffnet und Sie darüber klar werden lässt, ob Sie tatsächlich Ihre persönlichen Ziele oder die Ziele eines anderen verfolgen.

Möchten Sie Ihr Ziel für sich erreichen oder eigentlich nicht? Die Frage ist aus dem Grund so wichtig, da Sie die Motivation, welche Sie für das Erreichen Ihres Ziels unbedingt brauchen, nur dann aufbringen und erhalten können, wenn Sie IHR Ziel verfolgen. Natürlich können wir Wege gehen, auf welchen wir uns nie vollkommen sicher fühlen werden und uns Blasen mit den Schuhen laufen, welche uns zu klein sind. Wir können uns, wie Aschenputtels Stiefschwestern, die Zehen abhacken, um in den Schuh zu passen, doch das Blut im Schuh und die Schmerzen an unseren Füßen weisen immer und immer wieder darauf hin, dass es nicht unser Schuh ist, welchen wir tragen und somit auch nicht unser Weg, den wir bestreiten.

Wir werden vielleicht die ersten Schritte machen können und auch einige Etappen auf dem Weg bestreiten können, doch früher oder später werden wir an den Täubchen vorbeilaufen, welche lauthals gurren, dass Blut im Schuh ist und wir nicht den Weg gehen, welchen wir wirklich gehen wollen. Wir können den Ruf der Tauben ignorieren, weitergehen und die Schmerzen ertragen, doch zu welchem Preis? Um am Ende mit vollkommen kaputten Füßen und möglicherweise lebenslangen Folgen ein Ziel zu erreichen, welches nicht unseres ist? Um viel zu erschöpft am Gipfel anzukommen und den Ausblick nicht genießen zu können? Ist es das wert?

Ziehen wir allerdings Schuhe an, welche passen und wählen wir Straßen, auf welchen wir laufen können, werden wir die Schuhe einlaufen und die Wege bestreiten können. Vor allem werden wir die Motivation aufbringen, welche wir brauchen, um unser Ziel erreichen und am Ende in vollen Zügen genießen zu können.

Motivation. Was ist das überhaupt? Was motiviert uns? Die Motivation ist die treibende Kraft, welche uns auf Durststrecken und in kritischen Phasen nicht aufgeben lässt. Die Motivation ist der Kanister voller Benzin, welchen wir im Kofferraum haben, falls wir vergessen haben zu tanken und drohen, mitten auf der Straße stehen zu bleiben.

Die Motivation ist das Auto, welches anhält und uns mit einem Abschleppseil zur nächsten Tankstelle zieht, wenn wir den Kanister mit Benzin nicht finden sollten.

Motivation ist wichtig, um nicht aufzugeben und sich immer wieder vor Augen zu führen, wofür wir uns anstrengen und aus welchem Grund wir den Weg auf uns genommen haben.

Wie sollen wir auf dem Weg zu unserem Ziel längere Durststrecken überstehen, wenn wir nicht wissen, was uns am Ende des Weges erwartet? Wie sollen wir motiviert bleiben, wenn wir nicht wissen, wovon wir träumen und worauf wir hinarbeiten?

Das Zauberwort, welches wir in diesem Zusammenhang brauchen, ist die Motivation. Diese sollte unser ständiger Begleiter sein, unserem inneren Schweinehund die fristlose Kündigung schicken und dem Teufelchen den zu groß geratenen Mund mit Klebeband zukleben, damit es uns mit seiner losen Zunge nicht mehr auf den falschen Weg führen kann.

Was motiviert Sie? Was hat Sie in der Vergangenheit motiviert? Ist es eine Person? Ist es ein Bild? Ist es vielleicht ein Lied? Es gibt viele unterschiedliche Möglichkeiten, sich selbst motivieren zu können, wenn man wirklich ein festes Ziel vor Augen hat.

Aus diesem Grund ist es wichtig, dass wir die Dinge, welche wir erreichen wollen, für UNS und nicht aufgrund der Wünsche und Anforderungen der Gesellschaft erreichen wollen. Wenn wir uns verändern, passiert dies, weil wir das wollen und nicht, weil wir denken, dass dies von uns erwartet wird.

WIE KANN ICH MICH MOTIVIEREN?

Jeder Mensch hat eine treibende Kraft in sich, welche dafür sorgt, auf Durststrecken nicht liegen zu bleiben und nicht aufgeben. Jeder Mensch hat bestimmte Dinge, welche ihn motivieren und welche somit einen treuen und wichtigen Begleiter auf dem Weg nach oben darstellen. Das Problem ist, dass viele nicht wissen und sich nicht bewusst darüber sind, eine solche treibende Kraft in sich zu haben. Viele Menschen sind sich nicht bewusst darüber, dass sie die Motivation aufbringen können, welche sie brauchen, um durchzuhalten und zum Ziel zu kommen.

Jeder von uns hat die Motivation in sich – wir müssen nur den richtigen Knopf finden, um diese anschalten zu können. Dieser Knopf gestaltet sich bei jedem Menschen anders. Jeder von uns hat andere Dinge, welche uns motivieren und welche uns die Kraft geben, immer weiterzumachen.

Die erste Motivation sollten natürlich immer *wir selbst* sein. Ihr Glück, Ihr Erfolg und Ihr Wohlergehen sollten immer an der ersten Stelle stehen. Das ist jedoch leichter gesagt als getan. Natürlich geht es uns auch jetzt gut, wenn wir uns zurück in unsere Komfortzone begeben und gemeinsam mit dem inneren Schweinehund auf der Couch sitzen. Wie sieht das jedoch auf lange Sicht aus? Geht es uns in unserer Komfortzone immer noch gut, wenn wir aus dem verstaubten Regal wieder einmal den Film „Was wäre, wenn …" herausholen und uns vorstellen, dass wir schon beinahe am Ziel hätten sein können, wenn wir nur durchgehalten hätten?

Wir selbst sollten unsere größte Motivation sein, doch der innere Schweinehund macht es uns diesbezüglich sehr schwer. Wie ein Vormund behandelt er uns, als wären wir ein kleines Kind, welches nicht weiß, was gut für sein Wohlergehen ist und wenn er vor Gericht ziehen könnte, wäre er sogar dazu in der Lage, uns für unzurechnungsfähig erklären zu lassen und somit voll und ganz über uns bestimmen zu können.

Mit der Zeit werden wir immer mehr merken, dass wir uns besser, freier, erfüllter und glücklicher fühlen, doch bis wir an dieser Stelle angekommen sind und diese positiven Gefühle in uns spüren, dauert es etwas. Für diese Zwecke brauchen wir eine Motivation, um immer weiter am Ball zu bleiben. Wir brauchen ein Repertoire an Motivatoren, welche uns auf unserem Weg motivieren. Nur unter dieser Voraussetzung haben wir unterschiedliche Motivation, welcher wir uns bedienen können, um immer weiter nach vorne zu gehen und dem inneren Schweinehund nicht in die Falle zu laufen.

STELLEN SIE SICH VOR, WIE DAS GEFÜHL IST, WENN SIE AN IHREM ZIEL ANKOMMEN

Schließen Sie die Augen und stellen Sie sich vor, dass Sie bereits an Ihrem Ziel angekommen sind. Vergessen Sie dabei nie, groß zu träumen! Stellen Sie sich vor, wie Sie sich fühlen werden, wenn Sie endlich den Körper haben, welchen Sie sich immer schon gewünscht haben, oder wie Sie sich fühlen werden, wenn Sie endlich Ihren Traumjob ausüben, von welchem Sie seit geraumer Zeit träumen. Stellen Sie sich vor, wie es ist, sich auf der Weltreise zu befinden, auf welche Sie sich schon lange begeben wollten und wie es sich anfühlt, ausgewandert zu sein, nachdem Sie sich das schon so lange ausgemalt haben.

Saugen Sie die positiven Gefühle und die damit im Zusammenhang stehende positive Energie in sich auf, lassen Sie sie Ihr gesamtes Inneres erfüllen und nutzen Sie sie, um sich zu motivieren. Denken Sie dabei auch immer daran, dass das Gefühl, welches Sie erfüllt, wenn Sie an das Erreichen Ihrer Träume und Ziele denken, nicht nur annähernd mit dem Gefühl zu vergleichen ist, welches Sie verspüren werden, sobald Sie tatsächlich an Ihrem Ziel angekommen sind.

Das Gefühl, welches Sie verspüren, wenn Sie an Ihre Ziele denken, wird in der Realität noch tausend Mal stärker und überwältigender sein. Freuen Sie sich darauf und nehmen Sie diese Positivität als Anlass, auch in augenscheinlich negativen Abschnitten am Ball zu bleiben.

HALTEN SIE IHR ZIEL SCHRIFTLICH ODER BILDLICH FEST

Sie wissen, was Sie wollen! Sie wissen, welches Ziel Sie verfolgen und Sie sollten sich dieses immer fest vor Augen führen. Das ist einfach, wenn die Sonne scheint, der Himmel frei von Wolken ist und wir somit eine freie und ungestörte Sicht auf unser Ziel haben. Anstrengender und herausfordernder wird es jedoch, wenn sich die Wolkendecke zuzieht, die Sonne hinter der großen grauen Wolke verschwindet und sich zu allem Überfluss auch noch dicker Nebel bildet.

Da kann es dann doch schnell passieren, dass Sie Ihr Ziel nicht mehr sehen oder nur noch den Umriss erkennen können, bevor es vollkommen in der dicken und nervigen Nebelsuppe verschwindet. Um Ihr Ziel dennoch weiterhin sehen zu können, ist es wichtig, dass Sie sich dieses bildlich, schriftlich oder sowohl bildlich als auch schriftlich immer wieder vor Augen führen.

Schreiben Sie sich selbst einen Brief, in welchem Sie Ihr Ziel festhalten oder tragen Sie immer ein Bild Ihres Ziels mit sich, um sich somit zu jedem Zeitpunkt vor Augen führen zu können, was Ihr Ziel ist, bis die Wolkendecke aufbricht, die Sonne wieder zum Vorschein kommt und auch der Nebel schwindet und Sie Ihr Ziel wieder einwandfrei sehen können.

SUCHEN SIE SICH EIN MOTIVIERENDES LIED

Musik spielt im Leben der Menschen eine wichtige und tragende Rolle. Wenn wir einmal genauer darüber nachdenken, prägt Musik das Leben der Menschen seit vielen Jahrtausenden – nicht umsonst gibt es in der Musikgeschichte viele unterschiedliche Epochen, in denen verschiedene Musiker komponierten und die Menschen mit schöner Musik beschenkten.

Wenn Sie Musik aufdrehen, die Augen schließen und alles rund um sich herum vergessen, existieren nur noch Sie und die Musik sowie die Gefühle, welche Sie die Musik verspüren lässt. Alles rund um Sie herum verschwindet und wird unwichtig.

Schreien Sie Ihre Gedanken heraus, drehen Sie die Musik so laut auf, dass Sie lauter schreien müssen. Vertreiben Sie den inneren Schweinehund und die Selbstzweifel, lassen Sie sich von der Musik Flügel verleihen, welche Ihnen die Kraft und die Fähigkeit geben, um fliegen zu können.

Jeder Mensch hat einen anderen Musikgeschmack, weshalb es für jeden Menschen eine andere Band oder ein anderes Lied sein kann, welches motiviert und dazu beiträgt, durchzuhalten und immer weiterzumachen.

Welches Lied hilft Ihnen? Welches Lied motiviert Sie? Welches Lied hat die Kraft, Sie hochzuziehen, wenn Sie das Gefühl haben zu fallen? Welches Lied spannt das Netz auf, welches Sie auffängt, wenn der Gegenwind stärker zu sein scheint und Sie vom Berg schmeißen will?

Finden Sie die Musik, die Sie motiviert und erstellen Sie eine Playlist, welche Sie immer und immer wieder abspielen. Diese Playlist kann sich natürlich ändern. Es können neue Lieder dazu kommen, während andere Lieder von der Liste verschwinden – wichtig ist, dass Sie sich die Musik aussuchen, welche Sie motiviert, und ohne momentanen Trends zu folgen.

WAS IST MIR BEREITS GELUNGEN? / WELCHE ERFOLGE HABE ICH BEREITS ERZIELT?
Was habe ich bereits erreicht? Welche Etappenziele habe ich bereits erzielt? Was ist mir heute besonders gut gelungen?

Wir Menschen verbinden den Begriff „Erfolg" immer mit großen und einschneidenden Ereignissen. Wir gehen oft davon aus, dass Erfolg groß und einschlagend sein muss. Wir haben das Bild vor Augen, dass wir uns erst dann als erfolgreich bezeichnen können, wenn wir unser großes Ziel als Ganzes erreicht haben.

Dieser Irrtum bremst uns enorm aus und erschwert es uns, uns zu motivieren und auf unserem Weg zum Erfolg am Ball zu bleiben. Sehen wir nicht nur den Erfolg des großen Ganzen, sondern nehmen wir Erfolg auch in kleinen Dingen wahr, werden wir feststellen, dass wir jeden Tag Erfolge erzielen und diese auch feiern dürfen. Wir sind jeden Tag erfolgreich und sollten diese kleinen Erfolge zum Anlass nehmen, um uns zu motivieren und zu einem späteren Zeitpunkt das Erreichen unseres Ziels oder unseres Traums als großen Erfolg feiern zu dürfen.

Um Ihren Blick für die kleinen täglichen Erfolge öffnen und Ihnen somit einen großen und starken Motivator in Ihr Leben holen zu können, ist es eine sehr gute und vor allem effektive Lösung, ein **Erfolgstagebuch** zu schreiben.

Das nimmt nicht viel Zeit in Anspruch, ist jedoch äußerst effektiv und öffnet Ihnen die Augen bezüglich Ihrer Kraft und Ihrer Erfolge. Nehmen Sie sich 10 Minuten Zeit, bevor Sie schlafen gehen, und schreiben Sie auf, was Ihnen besonders gut gelungen ist. Denken Sie an mindestens drei Erfolge, welche Sie an dem Tag erzielen konnten. Fallen Ihnen mehr Erfolge ein, ist das umso besser und wirkt noch motivierender. Sie werden für sich feststellen können, dass es Ihnen von Tag zu Tag leichter fallen wird, kleine Erfolge zu erkennen, anzunehmen und wertzuschätzen.

Sich die Erfolge vor Augen zu führen, wirkt auf der einen Seite motivierend und auf der anderen Seite geben sie uns die Möglichkeit, uns zu verbessern und über uns selbst hinauszuwachsen.

Setzen wir uns nicht nur Etappenziele, wie dies bereits in Kapiteln weiter oben dargestellt wurde, sondern setzen wir uns auch tägliche Ziele, welche wir erreichen wollen. Was ist für den Tag geplant? In welchen Bereichen möchte ich heute etwas erreichen und über mich selbst hinauswachsen?

Planen Sie Ihre Ziele, analysieren Sie am Abend, ob Sie die Ziele erreicht haben und, wenn nicht, woran es liegt. Ihre Ziele und Erfolge zu analysieren, bringt zum einen den Vorteil mit sich, jeden Tag andere Erfolge feiern zu können, zum anderen über sich selbst hinauswachsen und sich immer weiter verbessern zu können.

Machen Sie sich nicht klein und lassen Sie sich nicht unterkriegen, wenn Sie eines Ihrer Tagesziele nicht erreicht haben, sondern nehmen Sie dies als Möglichkeit, um die Schritte und Wege einzuleiten, welche notwendig sind, um die Ziele erreichen und die damit im Zusammenhang stehenden Erfolge feiern zu können.

ORIENTIEREN SIE SICH AN VORBILDERN

Zunächst einmal ist es wichtig, dass Sie sich ins Gedächtnis rufen, dass Sie den Weg zu Ihrem Ziel einzig und alleine für sich bestreiten und nicht für andere Menschen. Sie gehen den Weg zu Ihrem Traum, weil SIE das möchten und weil es sich um IHR Ziel handelt.

Wenn dies klar ist und Sie sich dessen bewusst sind, können Sie sich an bestimmten Menschen und Vorbildern orientieren, welche möglicherweise bereits das erreicht haben, was Sie erreichen möchten oder sich auf demselben Weg befinden wie Sie.

Es kann unheimlich motivierend sein, andere Menschen zu sehen und die Energie zu spüren, welche diese ausstrahlen, weil sie ihr Ziel bereits erreicht haben. Sei es ein Musiker, ein Influencer, ein Schriftsteller, ein Schauspieler oder auch ein fiktiver Charakter, welcher Sie motiviert – wichtig ist, dass Sie die Vorbilder als Motivation nehmen, diese aber nicht nachahmen. Nehmen Sie sie als Anlass, um Ihre Ziele und Träume zu erreichen, bleiben Sie dabei aber immer sich selbst treu.

Wenn die Motivation am Morgen an Ihnen vorbeiläuft, Ihnen den Mittelfinger zeigt, Ihnen die Zunge rausstreckt und anderen Menschen in die Arme läuft, heißt das nicht, dass etwas mit Ihnen nicht stimmt, sondern dass Sie vielleicht einfach (noch) nicht die Motivation gefunden haben, welche Sie antreibt und zum Erfolg bringt. Finden Sie die Motivation, welche für Sie passt, welche Sie antreibt und mit welcher Sie auch auf Durststrecken durchhalten können. Sei es die Musik, eine bestimmte Person, ein Bild, ein Erfolgstagebuch, alles zusammen oder eine vollkommen andere Motivation. Ganz egal, was Sie motiviert – es ist wichtig, dass Sie die Motivatoren finden, welche Sie antreiben und Ihnen dabei helfen, Ihr Ziel zu fokussieren und am Ball zu bleiben, auch wenn es einmal schwerer sein sollte.

Kunst kommt von Können und das muss man üben – der Erfolg fällt weder vom Himmel, genauso wenig wie die großen Meister, und der Weg zum Erfolg ist keine Rutsche, auf welche wir uns setzen und problemlos hinunterrutschen können.

Für unseren Erfolg müssen wir an uns, unserer Einstellung und unserer Motivation arbeiten, durchhalten, mit Hindernissen umgehen und offen für Neues sein. Finden wir heraus, was wir in unserem Leben wollen und fokussieren wir die Ziele und Träume, welche WIR haben und welche wir nicht für andere erreichen wollen, so können wir die Wege finden, welche uns zu unserem Ziel und unserem Erfolg führen, und uns die Schuhe anziehen, mit welchen wir die unterschiedlichen Straßen begehen können.

Denken wir immer daran: Die Welt ist eine große Bühne und wir sind Schauspieler, Regisseur, Kameramann und Lichttechniker in einem. Wir sind die Requisite, die Maske und die Coaches. Der Erfolg liegt in unserer Hand! Gehen wir es an, träumen wir groß, machen wir kleine Schritte, seien wir offen für Veränderungen und geduldig im Bestreiten des Weges hin zu unserem Ziel.

Sie können es nicht schaffen, sondern **Sie werden es schaffen**. Warten Sie nicht auf den richtigen Moment, sondern schaffen Sie den richtigen Moment und kreieren Sie selbst die Rahmenbedingungen, welche Sie brauchen, um Ihr Ziel zu erreichen.

Wenn Sie wollen, dann werden Sie auch können!

DIE WAS-WÄRE-WENN-FALLE

Die „Was-wäre-wenn-Falle" ist eine Falle, in welche sehr viele Menschen tappen. Immer und immer wieder stellen wir uns die Frage: Was wäre, wenn …?

Im Grunde genommen sitzen wir jeden Tag auf dem Sofa und schauen uns denselben Film an, welcher den Namen „Was wäre, wenn …" trägt. Wir schauen uns den Film so lange an, dass wir eigentlich schon jede Zeile mitsprechen und jeden Dialog auswendig rezitieren können.

Mit der Zeit verlieren Filme, wenn wir diese jeden Tag und ohne Unterbrechung schauen, ihren Reiz. Die Filme verlieren ihren Charme, weil wir ganz genau wissen, welche Handbewegung der Schauspieler als nächstes macht, wie viele Sekunden vergehen müssen, bis er den nächsten Atemzug tätigt und welche Lichtverhältnisse in der nächsten Szene herrschen. Kurz und knapp gesagt: Wir kennen den Film in und auswendig.

Sicherlich kennen Sie das Gefühl, welches Sie erfüllt, wenn Sie einen neuen Film ansehen. Vielleicht haben Sie schon den Trailer gesehen und wissen in etwa, was Sie erwartet, doch Sie wissen nicht, wie der Film ausgeht, welcher Verlauf Sie erwartet und was innerhalb der nächsten eineinhalb Stunden passieren wird. Gespannt werden Sie dem Film folgen und diesen voll und ganz genießen können.

Auch ein zweites Mal ist der Film noch spannend. Möglicherweise fallen Ihnen bei der Wiederholung Dinge auf, welche Sie zuvor noch nicht wirklich wahrgenommen haben. Vielleicht ist auch das dritte Mal noch interessant, wenn Sie den Film Ihren Freunden oder Ihrer Familie zeigen, doch ab dem vierten Mal wird es dann schon etwas langweiliger. Sie nehmen Ihr Handy in die Hand und surfen im Internet, während der Film im Hintergrund läuft, überspringen Stellen, welche Ihnen nicht gefallen und haben am Ende nicht wirklich aufmerksam zugeschaut. Sie verlieren Ihren Fokus.

Und genau das passiert, wenn wir in die „Was-wäre-wenn-Falle" tappen. Wenn wir uns zu oft und immer wieder nur die Frage stellen, was passieren würde, wenn wir endlich ins Handeln kommen würden, anstatt tatsächlich unseren Hintern hochzubekommen und zu handeln, verlieren wir früher oder später den Fokus.

Das heißt nicht, dass wir unser Ziel aus den Augen verlieren, doch wir können uns nicht mehr auf dieses fokussieren. Viel zu oft sind wir die Szenarien, was passieren könnte, wenn wir unser Ziel tatsächlich erreichen, durchgegangen, sodass wir früher oder später einfach auf Durchzug schalten.

Wir müssen aus dieser „Was-wäre-wenn-Falle" herauskommen, um nicht mehr davon zu träumen und uns vorzustellen, was passieren würde, wenn wir endlich ins Tun kommen, sondern wir müssen ins Tun kommen, um am eigenen Leib erleben und feststellen zu dürfen, wie es sich anfühlt, am Ziel zu sein.

Hören wir auf, uns auf dem Sofa immer und immer wieder den Film „Was wäre, wenn ..." anzusehen, während uns der innere Schweinehund mit Popcorn und Chips füttert, und fangen wir an, ins Tun zu kommen. Handeln und ersetzen wir die Frage „Was wäre, wenn ...?" durch die Affirmation „Es wird so sein."

Allgemein sollten wir unsere Fragen und Selbstzweifel, welche uns davon abhalten, ins Tun und ins Handeln zu kommen, durch Affirmationen austauschen. Affirmationen geben uns die Kraft, das Durchhaltevermögen und den Fokus, welchen wir brauchen, um entschlossen zu bleiben und erfolgreich an unserem Ziel ankommen zu können.

ALTES MANTRA	NEUER, AFFIRMATIVER LEITSATZ
Was wäre, wenn?	Es wird so sein!
Und wenn ich scheitere?	Ich werde alle Herausforderungen meistern.
Und wenn ich nicht weiterkomme?	Ich weiß, dass ich das Durchhaltevermögen und die Entschlossenheit habe, meine Ziele zu erreichen.
Vielleicht habe ich das gar nicht verdient?	Ich habe einen unendlichen Wert und habe es verdient, glücklich und erfolgreich zu sein.
Vielleicht sind andere besser als ich?	Ich bin auf meine ganz persönliche Art und Weise perfekt und bringe Fähigkeiten und Talente mit, welche ich mit Arbeit an mir selbst beliebig erweitern kann.

Vielleicht soll es einfach so sein.	**In jeder negativen Situation steckt etwas Positives, das ich mitnehmen kann, um an mir und meinen Wünschen arbeiten zu können.**
Und wenn ich hinfalle oder Schritte nach hinten mache?	**Ein Fall bedeutet nicht Versagen. Ein Fall bedeutet, dass ich mir möglicherweise besseres oder neues Schuhwerk anschaffen muss, um die Strecke bezwingen zu können.** **Wenn ich ein paar Schritte nach hinten mache, mache ich dies, um Anlauf zu nehmen und richtig durchstarten zu können.**
Vielleicht ist der Weg viel zu lang für mich?	**Ich teile mir den Weg in mehrere Etappen ein, um diese nach und nach bestreiten und positive Erfolge für mich erzielen zu können.**

Da wir Menschen Meister darin sind, uns mit Selbstzweifeln aufzuhalten und uns von vielen weiteren Fragen und negativen Aussagen davon abhalten lassen, endlich ins Handeln zu kommen, könnte diese Liste ewig weitergeführt werden.

Finden Sie für alle negativen Aussagen und alle Selbstzweifel, welche Sie davon abhalten, endlich ins Handeln zu kommen, um Ihren Zielen und Träumen einen Schritt näher zu kommen, eine positive Formulierung. Denken Sie immer daran, dass nur Sie darüber entscheiden, wie es für Sie weitergeht, was Sie erreichen können und was Sie für Ihr Ziel tun.

Sie sind der Regisseur, Schauspieler, Kameramann und Autor in einem. Sie bestimmen, wo es langgeht, wie Ihr Leben verläuft und wie Sie mit Hindernissen am besten umgehen, ohne sich von Ihrem Weg abbringen zu lassen.

Wie Sie am besten mit Hindernissen und Hürden umgehen, wollen wir uns in einem Kapitel weiter unten noch einmal genauer ansehen, doch jetzt ist es wichtig, dass Sie ins Tun kommen und den ersten Schritt wagen. Ziehen Sie sich das Schuhwerk an, welches Sie brauchen, um auf dem Weg gehen zu können, und warten Sie nicht, bis die perfekten Bedingungen herrschen, welche die Bodenverhältnisse zu Ihren Gunsten gestalten.

Es wird nie den perfekten Moment geben, den ersten Schritt zu tätigen, und die perfekten Rahmenbedingungen werden sich nie von alleine vor Ihrer Tür präsentieren,

Ihnen einen Scheck in die Hand drücken, Ihnen dazu eine Schachtel Pralinen überreichen und die Sektkorken knallen lassen. Analysieren Sie, wie sich Ihre Ausgangslage gestaltet und bereiten Sie dann das entsprechende Equipment vor. Packen Sie Schuhe, Regenkleidung und Sonnenbrille ein, um auf steinigen Untergründen Halt zu haben und im Regen tanzen zu können. Es gibt keine schlechten Bedingungen, sondern nur eine falsche Einstellung. Wenn Ihre Einstellung gut, positiv und zielgerichtet ist, gibt es nur noch den „Ist-Status" und nicht mehr den „Es wäre einfacher, wenn-Status".

Natürlich wäre es einfacher, wenn Sie dem Weg zu Ihrem Ziel barfuß, im Sonnenschein und auf ebener Fläche näherkommen könnten, doch denken Sie immer daran:

- Blumen brauchen auch Wasser, um blühen zu können.
- In Gebieten, die besonders grün sind, regnet es viel.
- In den höchsten Gebirgen finden sich oft die schönsten und beeindruckendsten Pflanzen.
- Die wertvollsten und schönsten Kristalle finden sich in dunklen Höhlen in vielen Metern Tiefe.

Höhen, Tiefen, Regen, Sonnenschein und Gewitter gehören allesamt zum Leben dazu und führen im Gesamtbild zu einem wunderschönen Ergebnis.

Wenn man das Gefühl hat zu ertrinken, hat man immer zwei Möglichkeiten:

1. All seine Kräfte zusammennehmen und um sein Leben schwimmen
2. Sich ins Meer fallen lassen

Sie haben immer zwei Möglichkeiten in Ihrem Leben, um mit negativen Ereignissen umzugehen: „entweder" und „oder".

Lassen Sie sich nicht von der Kraft des Wassers, welche so mächtig und unendlich zu sein scheint, davon abhalten, zu schwimmen und die unendliche Kraft zu entdecken, welche in Ihnen steckt. Lassen Sie nicht zu, dass das Meer gewinnt und Sie Ihre Willenskraft verlieren. Lernen Sie zu schwimmen, gewöhnen Sie sich an die Wassertemperatur und kommen Sie somit nach und nach zu dem Schiff, welches Ihnen dabei hilft, wieder sicher zu Ihrem Ziel zu kommen.

Wenn Sie ertrinken, wissen Sie nie, ob es sich lohnt, Ihre Kräfte zu mobilisieren oder sich ins Meer fallen zu lassen, doch es lohnt sich zu kämpfen, Belastungen auszuhalten und auf positive Art und Weise mit diesen umzugehen.

Lassen Sie sich nicht von den vermeintlichen Fäden namens „Schicksal" leiten und wie eine Marionette von rechts nach links schleifen, ohne Ihr Leben in die Hand zu nehmen. Lassen Sie sich nicht auf dem Wasser treiben, ohne die Segel zu hissen und zu dem Ort zu segeln, an welchem Sie ankommen möchten.

Sie haben die Segel in der Hand, Sie sind nicht die Marionette, sondern der Puppenspieler und Sie ganz alleine entscheiden, wann, wo und wie Sie ins Handeln kommen. Also, wie sagt man so schön: *„Stop dreaming, start doing!"* – Hören Sie auf zu träumen und fangen Sie an zu machen!

Und selbst wenn Sie noch nicht wissen, wohin Sie genau gehen, ist es wichtig, zu starten. Starten Sie die Reise zu sich selbst, zu Ihren Wünschen und Ihren Träumen und finden Sie damit nicht nur immer mehr sich selbst, sondern auch Ihren Weg, welcher Sie zu dem Erfolg führt, den Sie verdienen!

„NEIN" SAGEN FÄLLT SCHWER
„Nein" – N E I N.

Im Grunde genommen ist „Nein" kein allzu schwieriges Wort, welches Sie schwer aussprechen können.

Dennoch ist „Nein" ein Wort, welches wir viel zu oft zu uns selbst und viel zu selten zu anderen Menschen sagen. Schließlich sind wir es gewohnt, uns selbst vor den Kopf zu stoßen, während wir andere Menschen nicht ablehnen wollen, indem wir „Nein" zu ihnen sagen.

Zugegeben – es ist nicht leicht, „nein" zu sagen, vor allem, wenn in unserem Kopf die Stimme herumgeistert, welche uns immer und immer wieder darauf hinweist, dass es sich um ein negatives Wort handelt, welches bei unserem Gegenüber negative Gefühle auslösen muss.

Doch wie sagt man immer so schön? Man soll nicht von sich auf andere schließen.

Es kann durchaus sein, dass wir negative Erfahrungen mit dem Wort „Nein" in der Vergangenheit gemacht haben und dieses folglich nun auch als negativ ansehen, doch das heißt nicht, dass dies auch auf andere Menschen zutrifft. Unsere Erfahrungen und unsere Abneigung, welche wir dem Wort „Nein" gegenüber empfinden, müssen nicht zwangsläufig auch die Einstellung unserer Mitmenschen bezüglich des Wortes „Nein" sein.

Ein weiterer kluger Spruch sagt, dass der Ton die Musik macht. Wenn wir uns diesen Spruch einmal etwas genauer ansehen und uns diesen zu Herzen nehmen, können wir uns darüber bewusstwerden, dass „Nein" an und für sich nicht schlecht oder negativ ist, sondern durchaus positiv sein kann, solange wir dieses unseren Mitmenschen nicht harsch und knallhart an den Kopf werfen.

Es kommt nämlich immer darauf an, auf welche Art und Weise wir etwas kommunizieren und wie unser Gegenüber unser „Nein" aufnimmt. Doch auch hier handelt es sich immer um eine feine Linie, auf welcher wir laufen und auf welcher wir somit schnell nach rechts oder nach links kippen können.

Sicherlich kann es vorkommen, dass Menschen gekränkt auf unser „Nein" reagieren, auch wenn wir dieses auf angenehme und positive Weise kommuniziert haben, doch in diesem Fall müssen wir uns von der Situation distanzieren. Wir sind nicht dafür verantwortlich, was bei unserem Gegenüber ankommt. Wir können ausschließlich versuchen, unseren Standpunkt so positiv wie möglich darzustellen und an unsere Mitmenschen zu kommunizieren.

Jeder Mensch hat Steine in seinem Rucksack, welche er auf dem Weg durch sein Leben trägt. Wir haben keinen Einfluss darauf, wie unsere Mitmenschen auf unser „Nein" reagieren. Entfernen wir uns von der Annahme, schuld daran zu sein, wenn Menschen gekränkt auf unser „Nein" reagieren und lassen wir uns nicht einschüchtern, wenn uns negativ gegenüber getreten wird, wenn wir „Nein" sagen.

Natürlich wird es für viele Menschen erst einmal ungewohnt sein, wenn Sie auf einmal für sich und Ihre Interessen einstehen und das Wort „Nein" nicht nur sich selbst, sondern auch Ihren Mitmenschen gegenüber verwenden. Doch wenn Ihre Mitmenschen Sie wirklich schätzen und Ihr Bestes wollen, werden sie Ihr „Nein" akzeptieren und nicht mit aller Kraft versuchen wollen, Sie umzustimmen, indem sie gekränkt oder sauer reagieren.

Seien Sie sich in diesem Zusammenhang immer bewusst darüber, dass jeder Mensch andere Erfahrungen in seinem Leben gemacht hat, dass es anderen Menschen einfacher als anderen fällt, das Wort „Nein" in den Mund zu nehmen und dass ein ehrliches „Nein" sehr viel authentischer ist als ein falsches und nicht ernst gemeintes „Ja".

Mit ein paar spannende Tipps und Tricks können Sie sehr viel einfacher und vor allem bewusster „Nein" zu anderen Menschen und „Ja" zu sich selbst sagen.

NEHMEN SIE SICH BEDENKZEIT

Wir leben in einer sehr schnelllebigen Zeit, in der wir mit viel Stress und Druck umgehen müssen. Wir müssen alles besser gestern als heute machen und Entscheidungen immer direkt treffen. Zumindest haben wir das Gefühl, dass von uns erwartet wird, immer direkt eine Entscheidung treffen zu können, wenn wir eine Frage gestellt bekommen oder ein Angebot erhalten.

Vielleicht sind es nicht unbedingt unsere Mitmenschen, welche uns unter Druck setzen – vielleicht sind es auch wir selbst. Doch ganz egal, ob es unsere Mitmenschen oder wir selbst sind, sollten wir uns das Recht herausnehmen, einen Moment Bedenkzeit für uns einzufordern.

Es kann sein, dass wir uns unter Druck gesetzt fühlen, dass wir das Gefühl haben, „Ja" sagen zu müssen und es nicht schaffen, „Nein" zu sagen.

Kennen Sie das Gefühl, wenn Sie im Traum schreien möchten, doch Ihre Stimmbänder scheinen durchtrennt zu sein? Sie möchten sich bewegen, doch Ihre Arme scheinen zwei Betonklötze zu sein? Sie wollen weglaufen, doch Ihre Füße sind wie gelähmt? Sie möchten, doch Sie können nicht? Haben Sie je dieses beklemmende Gefühl verspürt, wenn Sie in einem Traum dabei zusehen mussten, wie Sie handeln wollten, jedoch nichts tun konnten?

Die Realität ist nicht anders – vielleicht bekommen Sie schwitzige Hände, möglicherweise fühlen Sie Ihren Herzschlag in Ihrem Hals oder Ihr Kopf dreht sich. Jeder Mensch reagiert anders, wenn es darum geht, eine Bitte, ein Angebot oder eine Anfrage mit „Ja" anzunehmen oder mit „Nein" abzulehnen.

Nehmen Sie sich die Bedenkzeit. Nehmen Sie sich das Recht heraus, über die Frage, das Angebot oder die Bitte nachzudenken und diese zu einem späteren Zeitpunkt mit „Ja" oder mit „Nein" zu beantworten. Lassen Sie sich nicht überrumpeln oder zu schnell zu etwas überreden, was Ihnen eigentlich keinen Spaß macht oder was Sie nur unnötig Zeit kostet.

Um eine Entscheidung treffen zu können, kann es Ihnen helfen, sich einige Fragen zu stellen:

- Was soll ich machen?
- Worum wurde ich gefragt?
- Wie viel Zeit, Kraft und Energie kostet mich der Gefallen? Muss ich Freizeit oder Zeit, welche ich für andere Aktivitäten nutzen wollte, opfern, um den Gefallen erfüllen zu können?

- Was leidet, wenn ich diesen Gefallen erbringe und der Bitte nachkomme?
- Wer hat mich um den Gefallen gebeten? Welche Bedeutung hat der Mensch in meinem Leben? Welche Rolle spielt der Mensch für mich?
- In welchem Verhältnis stehe ich zu dem Menschen, welcher mich um den Gefallen gebeten hat?
- Habe ich diesem Menschen schon öfter einen Gefallen getan? Wurde meine Hilfe wertgeschätzt?

Sie können dieser Liste natürlich auch weitere Fragen hinzufügen, um für sich selbst feststellen zu können, ob Sie auf die Anfrage mit „Nein" oder mit „Ja" reagieren möchten. Diese Checkliste hilft Ihnen dabei, nicht mehr in den Automatismus zu verfallen, welcher sich einstellt, wenn Sie unter Druck geraten und das Gefühl haben, direkt antworten zu müssen, sondern Ihre Antwort bewusst treffen und somit auch authentisch aussprechen und kommunizieren zu können.

WELCHEN PREIS ZAHLEN SIE, WENN SIE „JA" SAGEN?

Ein weiterer Bestandteil der Entscheidungsfindung ist die Frage, welchen Preis Sie zahlen, wenn Sie „Ja" zu anderen Menschen sagen und welchen Gewinn Sie machen, wenn Sie hingegen „Ja" zu sich selbst sagen.

Wie viel Zeit müssen Sie aufbringen, um der Bitte oder der Anfrage Ihrer Mitmenschen nachzukommen und was schaffen Sie hingegen, wenn Sie „Ja" zu sich selbst sagen? Welche Vorteile entstehen für Sie, wenn Sie „Ja" zu sich selbst sagen und mit welchen Nachteilen müssen Sie sich auseinandersetzen, wenn Sie „Ja" zu Ihren Mitmenschen sagen?

Rechnen Sie einmal zusammen, wie viel Zeit Sie tatsächlich aufbringen, um anderen Menschen zu helfen, Bitten nachzukommen und Aufgaben für andere zu erledigen. Wenn Sie die Zeit analysieren, welche Sie täglich und auch wöchentlich für andere Menschen investieren, ohne davon tatsächlich etwas zu haben, wird Ihnen dies die Augen öffnen und Sie werden sich den Grund vor Augen führen können, wieso Sie sich immer so ausgelaugt fühlen, obwohl Sie „augenscheinlich" gar nichts gemacht haben.

Denn Sie haben nicht nichts gemacht, sondern Sie haben nichts für sich, dafür aber mehr für andere gemacht.

Sagen Sie zu schnell „Ja", ohne dieses bewusst zu wollen und zu meinen, kommt am Ende des Tages die Rechnung, welche sich aus unterschiedlichen Faktoren zusammensetzen kann:

- Weniger Zeit, Energie und Kraft für sich selbst, Ihre Projekte, Ihre Ideen oder andere Menschen, für welche es Ihnen deutlich einfacher fallen würde, mit Freude einen Gefallen zu erledigen oder einer Bitte nachzukommen.
- Viel Stress, mehr Druck und daraus folgend vielleicht sogar Panikattacken, weil Sie für sich und Ihre eigenen Projekte und Aufgaben keine Zeit haben.
- Ärger und Enttäuschung, möglicherweise sogar Streit, weil Sie zu früh „Ja" gesagt haben, die Arbeit aber nicht wirklich gut erledigen können, weil Ihnen die Zeit oder auch die Lust fehlen.
- Das Gefühl, von den Mitmenschen ausgenutzt zu werden und nie etwas zurückzubekommen.

Natürlich sollten Sie einen Gefallen ohne den Hintergedanken erledigen, etwas dafür zurückzubekommen. Allerdings ist es wichtig, dabei den Überblick nicht zu verlieren und sich nicht ausnutzen zu lassen. Finden Gefallen immer nur einseitig statt und bekommen wir nie etwas zurück, sollten wir darüber nachdenken, wem wir unsere Zeit zur Verfügung stellen und in was wir unsere Zeit investieren.

Ihre Kraft ist nicht endlos und die Zeit ist begrenzt. Der Tag hat 24 Stunden, von welchen Sie sich mindestens 8 erholen sollten, um die Kraft zu haben, welche Sie für den Rest des Tages brauchen.

Teilen Sie sich Ihre Zeit und Ihre Kräfte ein, werden Sie sich bewusst darüber, dass Ihre Bedürfnisse genauso wichtig sind, wie die Ihrer Mitmenschen, und dass Freizeit nicht bedeutet, dass Sie freie Zeit zur Verfügung haben, nur um anderen zu helfen, sondern diese nutzen dürfen und sollten, um Kräfte zu sammeln und sich selbst etwas Gutes zu tun.

WIE REAGIEREN SIE, WENN JEMAND „NEIN" SAGT?

Machen Sie sich bewusst, wieso es Ihnen so schwer fällt, „Nein" zu sagen und arbeiten Sie diese Bereiche auf. Denn nicht nur „Nein" zu sagen, sondern auch ein „Nein" zu akzeptieren, fällt vielen Menschen schwer. Oft können wir andere Menschen nicht ablehnen, weil wir selbst nur sehr schwer mit dem Wort „Nein" umgehen können.

Wie reagieren Sie, wenn Menschen auf eine Bitte, ein Angebot oder eine Frage um einen Gefallen Ihrerseits mit „Nein" antworten?

- Sind Sie enttäuscht?
- Sind Sie verärgert?
- Möchten Sie mit aller Kraft versuchen, Ihr Gegenüber umzustimmen?

- Werden Sie wütend?

Oder können Sie vielleicht gut mit dem Wort „Nein" umgehen?

Um „Nein" besser kommunizieren zu können, ist es wichtig, dass Sie sich darüber bewusstwerden, welche Wirkung dieses Wort auf Sie hat. Welche Gefühle löst es in Ihnen aus?

„Nein" ist nicht negativ und somit auch keine automatische Ablehnung. „Nein" bedeutet schlicht und ergreifend, nicht vollkommen bewusst und authentisch hinter einem „Ja" stehen zu können. Wenn wir dies akzeptieren, selbst nicht gekränkt reagieren und lernen, unsere Bedürfnisse nicht mehr hintenanzustellen, können wir nach und nach immer mehr lernen, das Wort „Nein" als positiv anzusehen und dieses somit auch in den Mund zu nehmen und zu kommunizieren.

Denn wenn wir „Ja" zu uns selbst sagen können, können wir den Weg zum Erfolg sehr viel besser bestreiten und zum Erfolg kommen.

„Ja" zu uns selbst zu sagen, heißt nicht zwangsläufig, „Nein" zu anderen zu sagen.

Denken Sie einmal daran, mit welcher Einstellung Sie Ihren Mitmenschen helfen, wenn Sie nur „Ja" gesagt haben, um sie nicht vor den Kopf zu stoßen und in Wahrheit eigentlich lieber „Nein" sagen wollten. Sie sind nicht vollkommen bei der Sache und können nicht Ihr Bestes geben.

Ist es nicht besser, Ihr Bestes zu geben, wenn Sie wirklich bereit dazu sind, zu helfen und bewusst „Ja" zu sagen, als nicht einmal weniger als die Hälfte Ihrer Kraft aufzubringen, wenn Sie halbherzig „Ja" sagen und die Stimme in Ihrem Kopf „Nein" schreit?

Sagen Sie „Ja" zu sich, „Ja" zu Ihrem Erfolg, „Ja" zu Ihrem Glück und „Ja" zu Ihrem Wohlergehen.

Zu lernen, das Wort „Nein" in den Mund zu nehmen, heißt nicht, dass wir alle Mitmenschen ablehnen und nichts mehr für niemanden machen dürfen, sondern es heißt, Kompromisse mit unseren Mitmenschen und auch mit uns selbst zu finden.

Denn heute braucht vielleicht einer unserer Mitmenschen unsere Hilfe, dafür brauchen wir eines Tages die Hilfe unserer Mitmenschen.

Alleine mögen wir auf bestimmten Abschnitten unseres Lebens vielleicht schneller vorankommen, doch gemeinsam kommen wir auf Dauer in größeren Schritten voran und somit näher ans Ziel.

ALLES IST SCHLECHT – EINE NEGATIVE SICHT AUF DIE DINGE
„Sie können nicht eine Version Ihrer selbst hassen, welche Sie später lieben möchten."

Den Status Quo anzunehmen und zu akzeptieren, heißt nicht, dass wir uns mit diesem zufriedengeben und uns diesen schönreden. Das ist eine sehr große Falle und eine Gewohnheit, welche viele Menschen an sich haben.

Den Status Quo anzunehmen und zu akzeptieren, heißt nicht, dass Sie sich in einen hautengen Jumpsuit zwängen und als menschliche Bockwurst durch die Straßen laufen, weil Sie Ihr jetziges Erscheinungsbild so angenommen haben, wie es ist, sondern, dass Sie sich Ihrem aktuellen Zustand entsprechend kleiden und den Jumpsuit so lange in den Schrank hängen, bis Ihnen ein aktuell noch in der Zukunft liegender Status die Sicherheit gibt, dieses Kleidungsstück tragen zu können.

Den Status Quo anzunehmen bedeutet, dass Sie sich darüber bewusstwerden, was Sie bereits geschafft haben und nicht nur den Weg betrachten, welcher noch vor Ihnen liegt.

> Akzeptanz bedeutet nicht, dass Sie aufhören, an sich und Ihrem Erfolg zu arbeiten und Ihr Ziel zu verfolgen, sondern Ihren jetzigen Zustand anzunehmen, zu respektieren, zu lieben und gleichzeitig anzuerkennen, was Sie bereits erreicht haben.
>
> Akzeptanz bedeutet zudem auch, dass Sie sich darüber bewusstwerden, wie Sie weiter vorgehen möchten, um Ihr Ziel, Ihre Wünsche und Ihre Träume zu erreichen!

Wenn wir unserem inneren Schweinhund auch nur einen minimalen Anreiz dazu geben, sich einschalten und in die Sache einmischen zu können, nimmt er diese Chance, welche wir ihm auf dem Silbertablett servieren, natürlich dankend an und tut alles in seiner Macht stehende, um uns davon abzuhalten, den neuen Weg einzuschlagen, unser Ziel zu verfolgen und erfolgreich und glücklich zu werden.

Immer wenn es darum geht, den Hintern hochzubekommen, fürchtet der innere Schweinehund, dass wohl demnächst auffallen wird, dass er seit Jahren seine Miete nicht zahlt und zu allem Überfluss auch noch unfassbar hohe Schäden in der Wohnung angerichtet hat und will aus diesem Grund um jeden Preis verhindern, dass wir unsere Wünsche und Träume Realität werden lassen.

Also geht es nicht nur darum, den Status Quo wahrzunehmen und zu akzeptieren, sondern diesen zum Anlass zu nehmen, unseren Hintern hochzubekommen. Ganz nach dem Motto „Geht nicht, gibt's nicht" lassen wir keine Zweifel mehr zu und fallen auch nicht mehr darauf herein, wenn wir uns nahezu theaterreif eine Lüge nach der anderen erzählen und dabei fast so glaubwürdig sind, dass nicht einmal unsere Nase wächst.

Denn sehr viele Menschen haben ein unglaubliches Talent dafür, jede Sache, die sie angehen, herrlich pessimistisch zu sehen.

- „Ich kann das nicht."
- „Das ist zu schwer."
- „Das ist unmöglich."
- „Ich schaffe das eh nicht."
- „Ich krieg eh eine schlechte Bewertung."
- „Die Beförderung bekommt eh wieder mein Kollege."
- „Ich halte die Diät eh nicht durch."
- „Ich bin zu doof dafür."

Vielleicht kommen Ihnen die Sätze bekannt vor. Wenn wir das Ganze dann auch noch oft wiederholen, hämmert sich das immer fester in unser Unterbewusstsein ein und wir verhalten uns wirklich wie Verlierer. Das nennt sich auch selbsterfüllende Prophezeiung. Allerdings funktioniert diese auch, wenn wir unsere Einstellung einer Generalüberholung unterziehen, unseren Blickwinkel ändern und anfangen, positiv und zielgerichtet zu denken.

Komischerweise bekommen wir diese pessimistische und unglaublich erniedrigende und unterschätzende Einstellung immer nur dann, wenn es darum geht, uns anzustrengen.

Wenn wir uns zum Beispiel vor den Spiegel stellen und unser Spiegelbild mehr breit als hoch ist, sind wir nicht so pessimistisch. Wir sind dann eben ein bisschen fülliger, gut gebaut, kein Hungerhaken und trösten uns mit Sprüchen wie "Nur Hunde spielen mit Knochen, echte Männer wollen Kurven", während wir unseren zweiten Schokoriegel auspacken und glücklich darüber sind, uns wieder einmal so fabelhaft selbst belogen zu haben.

Ist es wirklich das, was wir wollen? Ist es das, was wir vom Leben erwarten? Ein paar Sprüche und schon ist das Buffet eröffnet? Wollen wir uns unser ganzes Leben hinweg zufriedengeben und uns maßlos unterschätzen?

Es ist wichtig, dass wir unsere Ausgangslage wissen und diese annehmen. Es ist wichtig, dass wir uns selbst lieben, uns selbst wertschätzen und uns selbst gegenüber Respekt zeigen, bevor wir uns auf die Reise der Veränderung machen.

Sie sind kein Verlierer, weil Sie gescheitert sind, sondern Sie haben schlicht und ergreifend einen Umweg genommen. Sie haben Erfahrungen gesammelt und festgestellt, dass Sie etwas anderes im Leben wollen.

Sie sind nicht weniger wert, weil Sie etwas mehr auf die Waage bringen. In Ihnen steckt das Potenzial, früher oder später die Figur zu haben, welche Sie sich für sich wünschen.

Sie sind nicht dumm, weil Ihnen ein bestimmtes Themengebiet schwerfällt. Sie sind in anderen Bereichen begabt und können in diesen äußerst erfolgreich sein.

Begegnen Sie sich selbst mit Liebe und Respekt. Wenn Sie sich zum jetzigen Zeitpunkt nicht selbst lieben und nicht wertschätzen, werden Sie sich auch nicht lieben und wertschätzen, wenn Sie an Ihrem Ziel ankommen. Ihr Wert ist unendlich und nicht an Dingen wie etwa Erfolg zu messen. Mit Liebe und Respekt werden Sie die Reise sehr viel besser, einfacher und auch selbstbewusster antreten und sich später über den Erfolg freuen können. Sehen Sie sich nicht als Feind, sondern als Motivator. Sehen Sie Ihre aktuelle Situation nicht als gescheitert oder schlecht, sondern als Potenzial, besser, erfolgreicher und glücklicher werden zu können. Es kann nur nach oben gehen.

„An Ihnen selbst, an Ihren Wünschen und an Ihren Träumen zu arbeiten, darf Sie nicht davon abhalten, sich so zu lieben, wie Sie sind."

HÖREN SIE AUF, SICH SELBST ZU BELÜGEN

Sie kennen es vielleicht: Sie wissen, dass Sie etwas machen müssen, um erfolgreich und endlich rundum glücklich zu werden. Sei es, dass Sie sich besser ernähren und mehr Sport machen müssen, um endlich die Figur zu erhalten, von welcher Sie schon so lange träumen, oder sei es die Arbeit, welche Sie zusätzlich machen müssen, um Ihren Traumjob ausüben und mit diesem viel Geld verdienen zu können – ganz egal, um welchen Traum es sich handelt: Sie müssen sich anstrengen.

Natürlich können Sie sich um 23.55 Uhr auf das Laufband stellen und bis 00.05 Uhr trainieren, sich dann stolz auf die Schulter klopfen und sich selbst davon überzeugen, über zwei Tage hinweg trainiert zu haben.

Bevor Sie sich selbst eine Tapferkeitsmedaille und zusätzlich die Auszeichnung zum Arbeiter des Monats oder des treusten und zielorientiertesten Fitnessstudio-Besuchers verleihen, sollten Sie sich einmal vor den Spiegel stellen und sich fragen, wie viel Wahrheit wirklich hinter der Aussage steckt.

Denn wie sagt man so schön? „Kann man machen, muss man aber nicht!"

Sicherlich können Sie sich vor den Spiegel stellen, sich belügen und sich dann auf die Schulter klopfen, aber so werden Sie es auf Dauer nicht weit bringen. Stattdessen sollten Sie aufhören, sich selbst zu belügen und der Wahrheit ins Auge blicken.

Um zum Erfolg zu kommen, geht es immer der Nase nach. Das Problem ist in diesem Zusammenhang jedoch, dass:

1. wenn wir mehrere Masken aufsetzen, nicht wissen, wer wir eigentlich sind und was wir wollen.
2. wir uns selbst belügen und somit nichts weiter bezwecken als die Tatsache, dass unsere Nase immer weiterwächst.

Wie können wir dieses Problem also lösen? Der erste Schritt besteht darin, uns selbst zu finden, zu wissen, was wir im Leben wollen und welche Wünsche und Träume wir haben und erreichen wollen. Denn Erfolg alleine macht nicht glücklich. All das Geld und all der Erfolg, welchen Sie erreichen werden, werden Sie nur dann genießen können, wenn Sie rundum glücklich und zufrieden mit sich selbst sind.

Ein weiterer wichtiger Schritt ist, aufzuhören, sich penetrant und gnadenlos ins Gesicht zu lügen, ohne dabei auch nur ansatzweise rot zu werden. Wir sind unser bester Freund, unser leidenschaftlichster Liebhaber und unser ehrlichster Kritiker, dem wir voll und ganz vertrauen können sollten. Wenn wir uns selbst nicht vertrauen können, wie sollen wir dann dazu in der Lage sein, anderen Menschen zu vertrauen?

Seien wir ehrlich zu uns selbst, sehen wir der Wahrheit ins Gesicht und akzeptieren wir unseren Status Quo.

Hören wir auf, uns wie Pinocchio eine Lüge nach der anderen zu erzählen, da uns die lange Nase früher oder später die Sicht versperren und ein Loch in den Spiegel bohren wird, sodass wir uns nicht einmal mehr selbst in diesem ansehen können, während wir uns selbst belügen. Befreien wir uns von den stickigen Masken und von der schweren Nase, seien wir ehrlich zu uns selbst, spüren wir die Sonnenstrahlen auf unserer Haut und starten wir an der Stelle, an welcher wir stehen.

Wenn Sie einen Trainer in einem Fitnessstudio fragen, welche Übungen Sie am besten machen sollen, um die persönlichen Ziele erreichen zu können, wird er zuerst einen Fitnesstest durchführen, um festzustellen, wie fit Sie sind. Von diesem Punkt ausgehend kann er Ihnen dann die richtigen Übungen in einem passenden Tempo und der richtigen Frequenz empfehlen, um dem Erfolg näher zu kommen, ohne dass Sie sich überanstrengen. Würde er diesen Test nicht durchführen und blind von einem höheren Punkt aus starten, würde er Gefahr laufen, Ihnen zu viel zuzumuten und Sie so zu überlasten. Das ist nicht das Ziel. Ja, für den Erfolg müssen Sie hart arbeiten und ja, es ist wichtig, für den Erfolg Opfer zu bringen und auch einmal über die normale Schlafenszeit hinaus wachzubleiben, doch das Ziel ist es nicht, sich beim Casting für die nächsten Staffel von „The Walking Dead" bewerben zu können oder direkt von der Filmproduktion angerufen zu werden, da Sie eine der Zombie-Rollen durch Ihre natürliche Ausstrahlung perfekt verkörpern.

SCHEITERN ALS TEIL DES ERFOLGES

Hindernisse und Hürden sind, auf den ersten Blick betrachtet, nie sonderlich erfreulich und werden von uns dementsprechend negativ aufgefasst. Sie stellen somit das perfekte Fressen für den inneren Schweinehund dar, welcher nur darauf wartet, dass wir den Hindernissen und Hürden in die Falle tappen und er uns zurück zu sich auf die Couch in unsere Komfortzone locken kann.

Hindernisse und Hürden gehören mit zum Weg nach oben dazu. Natürlich sollten Sie nicht mit der Einstellung durch das Leben gehen, dass immer etwas passieren kann. Sie sollten auch nicht ständig in der Angst leben, dass Sie durch eine Hürde von Ihrem Weg abkommen könnten.

Dennoch sollten Sie sich bewusst darüber sein, dass Sie auf Hürden stoßen können. Sie sollten sich bewusst machen, dass es auf Ihrem Weg nach oben immer wieder Hindernisse geben kann, mit welchen Sie sich auseinandersetzen müssen.

Sehen wir uns diese Hindernisse nun einmal genauer an, werden wir schnell feststellen können, dass diese nicht unbedingt als negativ anzusehen sind. Wir Menschen verbinden mit den Worten „Hindernis" und „Hürde" automatisch negative Ereignisse und vergessen dabei vollkommen, dass diese Steine auf unserem Weg immer eine Möglichkeit darstellen, lernen und neue Erfahrungen machen zu dürfen.

Statt uns die Frage zu stellen, was wir durch diese Hindernisse und Hürden verlieren, sollten wir uns vielmehr mit der Frage beschäftigen, was wir durch diese Verzögerungen gewinnen. Können wir einen Moment durchatmen? Haben wir eine andere Straße entdeckt, durch die sich unser Blickfeld vergrößert hat? Haben wir gelernt, barfuß auf einem steinigen Untergrund zu laufen?

Nur wenn wir wissen wie es sich anfühlt, barfuß auf steinigem Boden zu laufen, werden wir den Aufenthalt auf einer weichen, saftigen und bunten Blumenwiese in vollen Zügen genießen können.

Begeben wir uns aus der Opferrolle heraus, in welcher wir uns so gerne sehen und in welcher wir vollkommen aufblühen zu scheinen. Die Frage „Wieso immer ich?" sollte vollkommen aus unserem Wortschatz gestrichen werden. Fragen wir uns nicht, wieso es eigentlich immer uns trifft, sondern seien wir dankbar für die neuen Chancen und Erkenntnisse, welche diese Hürden mit sich bringen. Das heißt nicht, dass wir auf dem Bombenfeld, auf welchem wir laufen, fröhlich „Freude schöner Götterfunken" singen oder in Bombenstimmung (Achtung Flachwitzalarm) sein müssen – Hindernisse sind nicht immer schön. Das ist vollkommen richtig und wichtig. Eine positive Einstellung an den Tag zu legen, heißt nicht, Regenbögen zu spucken und Glitzerstaub zu pupsen. Positiv eingestellt zu sein bedeutet, auch in negativen und unangenehmen Situationen positive Aspekte finden zu können, welche uns über Wasser halten und welche uns motivieren, am Ball zu bleiben. Umwege sind nichts Schlimmes und können uns mitunter Türen und Tore aufzeigen, welche wir auf der geradlinigen Autobahn möglicherweise nie gesehen und geöffnet hätten.

WIESO NEHMEN WIR UMWEGE?

Sicherlich waren Sie bereits einmal auf einer gut befahrenen Hauptstraße bzw. auf einer Autobahn unterwegs. Der Blick aus dem Fenster wird von dem grauen und mit weißer Farbe markierten Asphalt und weiteren Verkehrsteilnehmern in anderen Fahrzeugen geprägt. Es geht mitunter hektisch zu und höchste Konzentration ist in diesem Fall gefragt. Viele Menschen nehmen die Autobahn, um schnell zum Ziel zu gelangen. Je schneller die Menschen auf der Autobahn fahren, umso größer ist der Druck, dem sie ausgesetzt sind. Eine steigende Geschwindigkeit erfordert von den Verkehrsteilnehmern auf der Autobahn des Lebens immer eine erhöhte Konzentration und die Tatsache, sich seiner Entscheidungen bewusst zu sein. Die schnellen Fahrer auf der Autobahn müssen über das Selbstbewusstsein und auch über das Vertrauen in sich selbst verfügen, ohne Probleme und ohne sich selbst oder andere Verkehrsteilnehmer zu gefährden, ans Ziel zu kommen.

Ab und an kommt es auf den Autobahnen zu Unfällen, welche in einigen traurigen und schlimmen Fällen tragisch enden können. In diesem Fall kommen die Menschen, welche lieber langsam fahren und ihre Gedanken auf der Landstraße, sprich auf dem Umweg, erst einmal ordnen wollen, schneller am Ziel an als die Unfallgeschädigten. Einige der Betroffenen werden es aufgrund der einschneidenden Folgen eines Unfalls womöglich gar nicht ans Ziel schaffen.

Es ist in diesem Fall besser, langsam und auf Umwegen ans Ziel zu gelangen, ohne Gefahr zu laufen, einen Unfall zu bauen.

Dazu gehört auch das Fahrzeug, welches Sie auf dem Weg zu Ihrem Ziel brauchen. Wer ein gutes und teures Auto hat, fährt nicht automatisch besser und sicherer als ein Mensch in einem alten und gebrauchten Fahrzeug. Zwar ist es wichtig, den Blick stets in die Zukunft der neuen und hochwertigen, innovativen Fahrzeuge zu lenken, dabei aber den Blick auf das Fundament – die alten Autos – nicht zu vergessen. Was bringt ein teurer Porsche, wenn Sie diesen nicht fahren können und dem Druck nicht gewachsen sind? Ist es nicht schöner, die Kühe und die Pferde entlang der Landstraße zu betrachten und sicher auf dem Weg zum Ziel zu fahren, als in der ständigen Angst leben zu müssen, es könnte etwas schief gehen?

Bedenken Sie immer – jede Ausfahrt, welche Sie von der Autobahn nehmen, um durchzuschnaufen und Ihre Gedanken zu ordnen, hat wenige Kilometer später eine weitere Auffahrt auf die Autobahn. Wenn Sie diese nicht nehmen wollen, wartet ein paar Kilometer später eine weitere. Sie haben es in der Hand und Sie ganz alleine entscheiden, wann und wo Sie auf die Autobahn auffahren und ob und, wenn ja, wo Sie von dieser wieder abfahren.

Nicht zu vergessen sind die Raststätten entlang der Autobahn. Auf dem Weg zum Erfolg werden Ihnen oft genug Steine in den Weg gelegt, welche Sie mit viel Mühe und Kraft beiseite räumen müssen. Ausgelaugt und gestresst kommen Sie nicht gut ans Ziel. Anstatt unkonzentriert und müde eine Gefahr für sich und die anderen Verkehrsteilnehmer darzustellen, sollten Sie an einer Raststätte anhalten, durchatmen, sich entspannen und neue Energie für den nächsten Abschnitt tanken.

Auch Einbahnstraßen gehören zum Straßenverkehr dazu und sind Bestandteil Ihres täglichen Lebens. Trotz der Warnschilder auf den Straßen kommt es immer wieder vor, dass Sie sich überzeugt und mit vollem Elan in eine Einbahnstraße begeben.

„Errare humanum est." – Es ist vollkommen normal und menschlich, Fehler zu machen. Wer weiß, was am Ende der Einbahnstraße auf Sie wartet? Vielleicht eine wunderschöne Sicht auf das Meer? Ein atemberaubender Sonnenaufgang? Oder die Erkenntnis, dass die vorherige Straße gar nicht so schlecht war? Kein Problem – gehen Sie ein paar Schritte zurück und fahren Sie weiter die Straße entlang, welche Sie für sich und Ihr Leben gewählt haben.

Eine Sache, auf die Sie im Straßenverkehr und somit auch in Ihrem Leben und auf dem Weg zum Erfolg verzichten sollten, ist die Rolle des Geisterfahrers. Sehen Sie unbedingt und dringend davon ab, sich als Geisterfahrer auf die Autobahn zu begeben und als dieser am Straßenverkehr teilzunehmen. Es spricht absolut nichts dagegen, gegen den Strom zu schwimmen. Im Grunde genommen ist das sogar gut und kann Sie auf Ihrem ganz eigenen Weg zum Erfolg bringen. Doch um gegen den Strom anzuschwimmen und Ihren Weg zu gehen, müssen Sie nicht als Geisterfahrer in die entgegengesetzte Richtung fahren, sondern auf einem anderen Weg zu Ihrem Ziel kommen.

ES IST EIN SCHLECHTER TAG, KEIN SCHLECHTES LEBEN!

Es gibt Tage, an denen Sie Ihrem Wecker am liebsten den Mittelfinger zeigen, Ihre Decke bis über die Ohren ziehen und dem Rest der Welt mitteilen würden, dass sie Sie einmal gerne haben kann.

Sprüche wie „Lächle die Welt an und die Welt wird zurücklachen!" geben Ihnen den Rest und wenn Sie mit einem Blick auf Ihr Telefon das Zahnpasta-Lächeln des Live-Coaches sehen, welcher Ihnen für 1000 Euro sein Coaching-Paket anbietet, sodass Sie endlich sich selbst und Ihr Glück finden, verspüren Sie ein großes Bedürfnis, das Handy mit voller Wucht aus dem Fenster zu schmeißen, Ihren Kopf im Kissen zu vergraben und einfach laut zu schreien.

Es gibt Tage, welche die Bezeichnung „Scheißtag" wirklich verdient haben und an denen Sie froh sind, wenn Sie am Abend endlich wieder im Bett liegen und einfach schlafen und das Geschehene vergessen können.

Viele Menschen haben das Vorurteil über die positive Einstellung, dass Menschen, welche von sich selbst behaupten, positiv eingestellt zu sein, mit einem ständigen Lächeln auf den Lippen, Blumen im Haar und Konfetti durch die Welt laufen und selbst dem Hundehaufen mitten auf dem Gehweg etwas Positives abgewinnen können.

Doch das ist nicht so – auch Menschen, welche eine positive Einstellung haben, die Positivität in ihr Leben holen und mit dieser nach und nach den Erfolg erreichen, haben schlechte Tage. Positive Einstellung hin oder her – es gibt schlicht und ergreifend Tage, die aus dem Kalender gestrichen werden könnten.

Wichtig ist es dabei, dass wir akzeptieren, dass es ein schlechter Tag war. Auch negative Emotionen haben es verdient, wahrgenommen und gelebt zu werden. Nur wenn wir die negativen Emotionen zulassen und annehmen, können wir diese auch verabschieden und Platz für die positiven Gedanken und die positive Einstellung machen. Nur wenn wir die negativen Emotionen zulassen, sind wir am Ende des Tages dazu in der Lage, mindestens 5 Punkte zu finden, über welche wir dankbar sind. Und sei es schlicht und ergreifend die Tatsache, dass wir durch den Tag gekommen sind und diesen heil überstanden haben, oder dass wir lecker gegessen oder einen schönen Film gesehen haben. Was auch immer es war, das unseren schlechten Tag etwas weniger schlecht gemacht hat, hat es verdient, in unserem Dankbarkeitstagebuch erwähnt zu werden.

Es ist kein schlechtes Leben, sondern es ist ein schlechter Tag. Lassen Sie nicht zu, dass ein schlechter Tag Ihr gesamtes Leben in Frage stellt und Ihre Grundstimmung ruiniert.

Wenn der heutige Tag schlecht war, kann der morgige nur besser werden und Sie können ihn aufgrund der negativen Emotionen des heutigen Tages noch besser und intensiver genießen.

Die Frage stellt sich diesbezüglich auch, was wir überhaupt unter einem schlechten Tag verstehen. Wir Menschen neigen dazu, unseren Fokus immer auf die schlechten und negativen Ereignisse des Tages zu legen und die positiven Begebenheiten unter den Teppich zu kehren.

Wir können 10 wunderschöne Dinge erleben – wir können die Blumen auf dem Weg zur Bushaltestelle bewundert, einen Schmetterling gesehen, den sympathischen Nachbarn gegrüßt, den süßen Hund der anderen Nachbarin gestreichelt und ein Croissant beim Bäcker an der Ecke zu unserem Kaffee dazu geschenkt bekommen haben – sobald der Bus etwas zu spät kommt und wir keinen Sitzplatz ergattern, wird der Tag schneller als einem lieb ist in die Schublade der „Scheißtage" verbannt. Und wenn ein Tag erst einmal in den Tiefen dieser Schublade gelandet ist, ist es äußerst schwer, ihn wieder aus dieser herauszuholen.

Gehen wir die Situation einmal genauer in unserem Kopf durch und kommen wir somit der Ursache unserer negativen Emotionen auf den Grund. Wieso macht es uns so sauer und wütend, dass der Bus zu spät kommt? Wieso stellt ein einziges Ereignis die anderen positiven Ereignisse des Tages in den Schatten?

Ist es wirklich so schlimm, dass der Bus zu spät kommt, oder ist das nicht vielleicht eine gute Gelegenheit, uns mit dem Herrn an der Bushaltestelle zu unterhalten, den wir jeden Tag sehen? Vielleicht würde es der Konversation etwas auf die Sprünge helfen, wenn wir mit unserem Gesichtsausdruck nicht aussehen würden, als wären wir jeden Moment dazu bereit, auf unser Gegenüber zu springen und es in 1000 Stücke zu reißen.

Eine positive Sichtweise zu haben und mit dieser durch das Leben zu gehen, heißt nicht, dass wir den ganzen Tag gut drauf sein müssen. Wir dürfen schlechte Tage haben und wir dürfen auch die Regentropfen, welche den Boden nähren und uns später die Blumen bescheren, an welchen wir uns auf einem Spaziergang erfreuen, einmal ignorieren und lieber die Decke anstarren, als aus dem Fenster in die grauen Wolken zu schauen.

Wichtig ist, dass wir immer wieder zu unserer positiven Einstellung zurückfinden und auch in negativen Dingen das Positive entdecken und diese wertschätzen. Wir dürfen schlechte Tage haben, schlecht drauf sein und auch die Blume übersehen, welche unsere Laune heben könnte – solange wir am Abend immer noch Dinge finden, die uns den Tag versüßt haben und ihn vielleicht nicht wunderschön aber weniger schlecht gemacht haben.

SO WEIT BIN ICH SCHON GEKOMMEN

Es gibt Momente, in denen wir denken werden, dass sich nichts nach vorne bewegt, dass wir auf der Stelle treten oder sogar einen Schritt nach hinten gemacht haben. Das kann auf Dauer ganz schön anstrengend und deprimierend sein, doch an und für sich ist es nicht schlimm, wenn wir stagnieren oder ein paar Schritte zurück gehen.

Solange wir uns keine Grube graben, in welcher wir nach und nach immer mehr versinken und immer mehr Schritte nach hinten machen, um unser Ziel mit noch mehr Kraft erreichen zu können, spricht absolut nichts dagegen, wenn wir Anlauf nehmen oder uns für einen Moment auf einer Stelle ausruhen.

Denn wenn wir einen Moment innehalten und eine Pause machen, haben wir genug Zeit, um unseren Blick nach hinten zu richten und zu beobachten, wie viel wir bereits geschafft haben. Ein Augenblick des Verweilens gibt uns die Möglichkeit zu bestaunen, wie viel wir bereits geschafft haben. Wir können uns für einen Moment hinsetzen, nach hinten schauen und sehen, wie weit wir bereits gekommen sind. Wir können sehen, wie viele Hindernisse wir schon bewältigt haben, wie viele Steine wir aus dem Weg geräumt haben und wie viele Etappenziele wir bestritten haben. Wir können uns stolz auf die Schulter klopfen, die Sektkorken knallen lassen und uns feiern. Nehmen wir diesen Moment der Pause nicht als Anlass, uns selbst vorzuhalten, wie viel besser wir sein könnten und wie viel weiter wir kommen könnten, wenn wir jetzt weitermachen würden, sondern sehen wir die Pause als Möglichkeit, stolz auf uns zu sein, uns zu bewundern und neue Kraft für den nächsten Abschnitt zu sammeln.

Pausen und Abstand gehören zum Erfolg dazu. Es ist wichtig, dass wir uns ab und an Zeit für uns selbst nehmen, einfach nichts machen und neue Kraft sammeln. Das Stichwort in diesem Zusammenhang ist das bewusste Genießen.

Unser Körper ist in der Lage, uns Zeichen zu senden. Diese können wir allerdings nur sehen und annehmen, wenn wir bestimmte Voraussetzungen erfüllen:

1. Wir sind mit uns selbst im Reinen.
2. Wir wissen, wer wir sind.
3. Wir wissen, was wir wollen.
4. Wir wissen, wie wir unsere Gefühle interpretieren sollen.

Diese Zeichen sendet er uns auch, wenn wir uns Masken aufsetzen und in eine Rolle schlüpfen, welche nicht unserem wahren Ich entspricht. Doch im Fall der Masken tun wir alles Mögliche, um diese Zeichen zu ignorieren oder falsch zu interpretieren. Hören wir wirklich auf unseren Körper und auf die Zeichen, welche uns dieser sendet, werden wir feststellen können, dass er uns klar und deutlich signalisiert, wann es Zeit ist, eine Pause zu machen und uns zu entspannen.

Bevor wir einen Energydrink nach dem anderen trinken und uns literweise Kaffee in den Rachen schütten, sollten wir die Anzeichen unseres Körpers wahrnehmen, für einen Moment innehalten und uns schlicht und ergreifend Zeit für uns selbst nehmen. Müde zu sein heißt nicht, immer physisch müde zu sein, sondern wir können auch psychisch erschöpft und ausgelaugt sein. Merken wir, dass wir müde und ausgelaugt sind, bringt es nichts, uns weiter nach vorne zu quälen, sondern es bietet sich an, eine Pause zu machen.

Denn am Ende des Tages kommen wir schneller an unser Ziel, wenn wir nach einer Pause mit voller Kraft den Weg bestreiten können, als uns vollkommen erschöpft einen Schritt nach dem anderen nach vorne zu hieven.

Stellen Sie sich einmal vor, Sie sitzen in einem Auto und sind auf der Autobahn unterwegs. Das Autofahren an sich erfordert sehr viel Konzentration, doch besonders auf der Autobahn muss große Vorsicht walten. Andernfalls kann es schnell dazu kommen, dass Unfälle gebaut werden und im schlimmsten Fall Menschenleben dabei gefährdet werden.

Eines der ersten Dinge, die man in einer Fahrschule lernt, ist, eine Pause zu machen, wenn man merkt, müde zu werden und sich nicht mehr konzentrieren zu können. Denn in diesem Fall stellen wir nicht nur eine Gefahr für uns selbst, sondern auch für die anderen Verkehrsteilnehmer dar. Auch das ist auf das Arbeitsleben zu übertragen. Arbeiten wir alleine, gefährden wir uns selbst und arbeiten wir im Team mit anderen Menschen zusammen, gefährden wir sowohl uns selbst als auch die anderen.

Es ist besser, einen Moment Pause zu machen und innezuhalten, um dann neue Kraft zu haben und den Weg gut und erfolgreich bestreiten zu können.

Um zurück auf das Stichwort des bewussten Genießens zu kommen – es ist wichtig, sich nicht zu den Pausen gezwungen zu fühlen, sondern diese bewusst zu genießen und für sich selbst zu nutzen. Verbannen Sie den Gedanken, dass Sie in der Zeit der Pause an Ihrem Ziel arbeiten können, denn indem Sie sich eine Pause nehmen, arbeiten Sie bereits an Ihrem Ziel. Sie tragen dazu bei, dass Sie Ihr Ziel mit mehr Kraft und im ausgeruhten Zustand erreichen können.

Genießen Sie die Zeit, die Sie für sich selbst haben, bewusst. Ganz egal, wie Sie die Zeit verbringen, was Sie machen und mit wem Sie die Zeit verbringen. Genießen Sie das Stück Torte bewusst, genießen Sie den Wochenendausflug bewusst – genießen Sie alles, was Sie in der Zeit der Pause für sich machen, bewusst.

Wenn Sie Ihre freie Zeit nicht bewusst genießen können, kommt dies der Aufladung Ihrer Batterien in die Quere. Genießen Sie die Zeit, haben Sie Spaß, schalten Sie einfach einmal ab und sammeln Sie neue Energie für den nächsten Abschnitt.

Lassen Sie den Weg, welchen Sie bereits bestritten haben, während der Pausen Revue passieren und sehen Sie diese als positives Ereignis in Ihrem Leben an. Sie müssen Ihre Pausen nicht planen. Natürlich kann dies sinnvoll sein, wenn Sie mit anderen Menschen in einem Team arbeiten oder im Home Office Ihre Arbeitszeiten und Bedürfnisse mit anderen Menschen vereinen und abgleichen müssen. Wenn Sie jedoch die Freiheit haben, voll und ganz auf Ihren Biorhythmus hören zu können, sollten Sie diese Möglichkeit wahrnehmen und die Pausen dann machen, wenn Ihr Körper es Ihnen ganz klar und deutlich kommuniziert.

Alles in allem ist es wichtig, dass Sie sich nicht runterziehen lassen, wenn Sie einmal nicht weiterkommen und auf der Stelle treten sollten, sondern dass Sie diese Momente als Anlass nehmen, um stolz auf sich und Ihre erreichten Etappenziele zu sein. Sie haben schon sehr viel geschafft und jeder Tag, den Sie damit verbringen, aktiv an Ihrem Ziel zu arbeiten, ist genauso gut und wertvoll wie die Tage, die Sie nutzen, um die Zeit bewusst für sich zu genießen und somit passiv an Ihrem Ziel zu arbeiten. Nur wenn ein gutes und harmonisches Gleichgewicht zwischen der aktiven und der passiven Arbeit an Ihrem Ziel besteht, können Sie dieses erreichen.

Der Weg zum Erfolg ist kein Kurzstreckenlauf, sondern ein langer Marathon, welchen Sie sich in Etappen einteilen sollten. Ein Marathonläufer läuft seinen Weg nicht in einer Geschwindigkeit, bis er am Ziel ankommt, sondern er sprintet, joggt und sprintet wieder – er teilt sich seine Kräfte ein, ohne sich vollkommen zu verausgaben.

Finden auch Sie Ihren Rhythmus, finden Sie heraus, was für Sie passt und genießen Sie den Weg, welchen Sie bereits hinter sich gebracht haben. Wenn Sie sehen, was Sie bereits geschafft haben, können Sie sich die Motivation holen, die Sie brauchen, um die nächste Etappe auf Ihrem Weg bestreiten zu können.

Wenn sich eine Tür schließt, öffnet sich eine neue

Mit der Lieblingsmusik im Hintergrund, offenen Fenstern, dem Wind im Haar und voller Geschwindigkeit fahren Sie auf einer langen Straße entlang. Über Ihnen ist der blaue Himmel, Wolken sind weit und breit nicht zu sehen und die Sonne strahlt heller als je zuvor. Besser könnte es für Sie nicht laufen, bis Sie auf einmal scharf bremsen müssen und die Sonne von einem Moment auf den anderen hinter dicken, grauen Wolken verschwindet. Sie stehen vor einer großen Mauer und kommen nicht weiter.

Sie sind die gesamte Zeit hinweg eine Einbahnstraße entlanggefahren und stehen jetzt vor der großen Mauer, welche Ihnen den Weg versperrt. Es scheint, als ob die Welt stehenbleiben oder komplett zusammenfallen würde. Wut, Trauer und Enttäuschung machen sich breit und schicken die Sonnenstrahlen weg, welche schnell durch dicke Regentropfen, Blitze und Donner ausgetauscht werden.

Sie sind kurz davor, alles hinzuschmeißen und zurück nach Hause in Ihre Komfortzone zu gehen, weil sich gerade vor Ihrer Nase eine Tür geschlossen hat. Sofort machen sich in Ihrem Kopf die Gedanken breit: „Das hat alles nichts gebracht. Ich habe nur meine Zeit verschwendet. Ich wähle immer die falsche Straße." Alles in allem drohen wir, in ein tiefes Loch zu fallen, wenn wir uns von diesen Gedanken runterziehen lassen.

Aus diesem Grund ist es wichtig, dass Sie sich in diesem Moment vor Augen führen, wie Sie sich auf dem Weg gefühlt haben, bevor Sie auf die Tür gestoßen sind. Die Sonne hat gestrahlt, es war ein wunderschöner blauer Himmel über Ihnen und Sie haben sich wohlgefühlt – so schlecht kann dieses Erlebnis also nicht gewesen sein. Natürlich stehen Sie jetzt vor einer großen, geschlossenen Tür, doch der Weg dorthin war nicht umsonst.

Der Weg zu der Tür hat Ihnen viele Erfahrungen gebracht, welche Sie nun zu Ihrem Vorteil nutzen können. Auch wenn Sie es im ersten Moment vielleicht nicht wahrhaben und auch nicht so sehen wollen, stellt auch eine geschlossene Tür einen Vorteil und ein positives Ereignis dar, von welchem Sie profitieren können. Sie können einen Weg ausschließen und sich nun auf die Suche nach einem neuen machen. Zusätzlich haben Sie in Ihrem Gepäck sehr viele weitere Erfahrungen, welche Sie auf dem Weg sammeln durften.

Es gibt in diesem Zusammenhang ein Sprichwort, das besagt:

„Wo sich eine Tür schließt, öffnet sich eine neue."

Im Grunde genommen ist dies durchaus richtig, doch es ist wichtig, dass wir uns vor Augen führen, dass diese Türen nicht geschlossen sind, sondern immer offenstehen.

Die Türen, durch welche wir in unserem Leben gehen können, sind nicht geschlossen, sondern wir sehen sie einfach nicht. Erst durch unsere Erfahrungen und Erkenntnisse entwickeln wir die Sichtweise, welche uns erlaubt, die offenen Türen zu sehen.

Diese Erkenntnisse sammeln wir, indem wir genau solche Straßen, wie zum Beispiel Einbahnstraßen, befahren und für uns feststellen, dass diese nicht für uns sinnvoll sind und uns nicht auf den Weg führen, welcher für das Erreichen unseres Zieles wichtig ist.

Es ist auch wichtig, dass wir uns darüber bewusst sind, dass eine Einbahnstraße nicht unbedingt direkt eine Einbahnstraße ist, sondern zu dieser wird, in dem sich die Tür schließt.

Haben wir den Schlüssel für die Tür nicht, bringt es uns nichts, an dieser zu rütteln und zu versuchen, uns Zutritt zu verschaffen. Viel sinnvoller ist es, die wertvollen Erkenntnisse des Weges mitzunehmen und zu nutzen, um die Tür in der nächsten Straße zu betreten und weiter auf dem Weg zu fahren, welcher uns ans Ziel bringen wird.

Bringen wir Klarheit in unsere Sichtweise, lassen wir uns auf die vielen unterschiedlichen Wege ein, welche wir hin zu unserem Ziel nehmen könnten, und erfahren wir somit für uns selbst, welche Straßen zu weiteren offenen Türen führen und welche Türen wir selbst schließen, sodass Straßen zu Einbahnstraßen werden.

Die Frage, welche sich in diesem Zusammenhang auch oft stellt, ist, wieso wir die Straßen überhaupt befahren, wenn wir bereits das Gefühl haben, dass diese das Potenzial haben, zur Einbahnstraße zu werden. Die Antwort ist ganz einfach: Sie bringen neue Erfahrungen!

Die Erfahrungen, welche wir auf dem Weg sammeln, sind so wichtig, um unsere Sichtweise entwickeln und verbessern zu können und um die Türen sehen zu können, welche sich hinter dem dichten Nebel verstecken. Der Nebel sorgt dafür, dass wir die offenen Türen und die Möglichkeiten, welche sich hinter diesen verbergen, nicht sehen.

Würden wir die Einbahnstraßen nicht einschlagen, würden wir auch nicht die Erfahrungen und die Erkenntnisse sammeln, welche die Einbahnstraßen mit sich bringen. Folglich würden wir auch nicht unseren Horizont erweitern sowie unseren Blickwinkel ändern können. Als Folge dessen wiederum würden wir auch nicht den Nebel wegschicken und den Blick für die offenen Türen freiräumen können.

Eine Tür schließt sich und eine andere öffnet sich – Jein. Eine Tür schließt sich und öffnet unseren Blick für all die anderen Türen, die offenstehen.

Der Weg nach oben ist nicht ein gerader, ebener Weg, sondern er steckt voller Schlangenlinien, Einbahnstraßen, Tankstellen, Raststätten und Rückschlägen. Besuche beim Mechaniker, TÜV-Prüfungen und auch Reifenwechsel sind wichtige Bestandteile des Weges, um dem Ziel immer näher zu kommen und dieses am Ende erreichen zu können.

NEHMEN SIE AUCH UNANGENEHME ABSCHNITTE AUF IHREM WEG IN KAUF

Wie war das doch gleich?

„Dieser Weg wird kein leichter sein. Dieser Weg wird steinig und schwer."

Der Weg nach oben ist nicht einfach und es ist unsinnig, sich diesbezüglich irgendetwas vorzumachen. Es ist nicht leicht, die richtigen Schuhe zu finden.

Bestimmt haben Sie sich schon einmal ein neues Paar Schuhe gekauft und festgestellt, dass diese erst eingelaufen werden müssen. Irgendwie passen sie noch nicht so richtig und Sie müssen sich erst an das neue Schuhwerk an Ihren Füßen gewöhnen.

Es ist richtig, dass viele Experten vor allem bei Kindern dazu raten, so viel barfuß zu laufen wie möglich. Denn barfuß zu laufen bringt viele Vorteile mit sich – die Füße und auch die allgemeine Gesundheit sollen davon profitieren. Allerdings gibt es schlicht und ergreifend Untergründe, welche eine zu hohe Gefahrenquelle darstellen, wenn wir barfuß auf diesen laufen würden.

So gibt es beispielsweise Wege, auf welchen Scherben liegen oder welche von der Sonne so aufgewärmt wurden, dass sie einfach zu heiß sind, um barfuß auf diesen laufen zu können.

Diese Abschnitte können uns auf unserem Weg zum Erfolg immer wieder begegnen. Es kann sein, dass wir uns Schuhe anziehen und uns erst an das neue Schuhwerk gewöhnen müssen. Wir dürfen nicht erwarten, wie auf Wolken oder auf einer frischen, grünen und blühenden Wiese zu unserem Erfolg laufen zu können.

Durststrecken gehören auf dem Weg zum Erfolg dazu. Es gehört mit dazu, dass wir Momente der Zweifel haben und das Gefühl verspüren, nicht weiterzukommen. Die Schuhe drücken und wir würden am liebsten einfach wieder zurück auf die weiche Wiese kehren und dort verweilen. Doch dann würden wir nicht an unserem Ziel ankommen und niemals erfahren, wie es sich anfühlen wird, am Ziel zu sein.

Sehen Sie Ihr Ziel als Ganzes. Ihr Ziel setzt sich aus vielen unterschiedlichen Etappen zusammen, welche mal mehr und mal weniger angenehm und einfach ausfallen können. Es wird Strecken geben, auf welchen Sie Ihre Schuhe ausziehen können, es wird Teile geben, auf welchen Sie sich die Schuhe wieder anziehen oder gar vollkommen neues Schuhwerk anschaffen müssen. Vielleicht müssen Sie lernen, mit Schlittschuhen auf dem Eis zu fahren oder mit Gummistiefeln durch die Pfützen zu springen. Vielleicht müssen Sie lernen, auf steinigen und steilen Wegen jeden Schritt überlegt zu setzen, um einen festen und sicheren Halt zu haben.

Unangenehme und anstrengende Durststrecken gehören auf dem Weg zum Erfolg dazu. Haben Sie beispielsweise den Traum, einen bestimmten Beruf auszuüben, werden Sie möglicherweise studieren müssen, um sich diesen Traum erfüllen zu können. Vielleicht macht Ihnen das Studium überhaupt keinen Spaß, doch es ist eine notwendige Voraussetzung, um Ihr Ziel zu erreichen.

Eine positive Einstellung bedeutet nicht, dass Ihnen jede Etappe auf dem Weg zu Ihrem Erfolg Spaß machen muss und es bedeutet auch nicht, dass Sie sich vor den Spiegel stellen und sich selbst etwas vormachen müssen. Sie müssen nicht so tun, als würde Ihnen der Abschnitt Spaß machen, doch es ist wichtig, die Notwendigkeit dieser Etappe zu akzeptieren. Sehen Sie den Weg als Ganzes und vergleichen Sie den kleinen

Abschnitt mit dem ganzen Weg und Ihrem Ziel. Wie viel macht die Durststrecke allgemein aus? Wie sehr fällt diese ins Gewicht? Sie werden feststellen, dass sie, im Vergleich zu anderen angenehmen Etappen und Ihrem Ziel, sehr klein und nahezu unwichtig erscheint.

Nehmen Sie sich auch der unangenehmen Durststrecken an, akzeptieren Sie sie und freuen Sie sich auf die nächsten Etappen und Abschnitte, welche Ihnen wieder mehr Freude bereiten werden. Natürlich dürfen wir es uns immer so angenehm wie möglich machen und die Wege wählen, welche uns am meisten Freude bereiten. Allerdings müssen wir uns darüber bewusst sein, dass es ab und zu Dinge gibt, welche wir machen müssen, um unser Ziel zu erreichen. Der Weg zum Erfolg kann nicht nur positiv sein, sondern es wird auch Momente geben, welche uns vor eine große Herausforderung stellen. Halte ich durch? Gebe ich auf?

Aufgeben ist keine Option!

Lernen Sie aus den Herausforderungen und erkennen Sie, wie stark Sie sind. Erkennen Sie, wie viel Durchhaltevermögen und Kraft Sie haben, wenn Sie etwas wirklich wollen. Es ist einfach, auf einer ebenen, weichen und angenehmen Fläche zum Ziel zu laufen – wirklich spannend wird es, wenn es anstrengend wird. Nutzen Sie diese Momente, um herauszufinden, ob Sie Ihr Ziel wirklich erreichen wollen und ob Sie gewillt sind, am Ball zu bleiben und weiterhin an Ihrem Ziel zu arbeiten. Nutzen Sie diese Durststrecken, um für sich selbst herauszufinden, ob es Ihr Ziel ist, welches Sie verfolgen, oder ob es vielleicht doch nicht das ist, was Sie möchten.

Herauszufinden und festzustellen, dass das Ziel, welches Sie verfolgen, nicht das Ziel ist, welches Sie wirklich möchten, ist nicht schlimm. Wir werden von der Gesellschaft und unserer Umgebung oft so sehr beeinflusst, dass wir durchaus einiges an Zeit brauchen, um für uns selbst herausfinden zu können, was wir eigentlich wollen und welche Ziele wir wirklich verfolgen. Verfolgen wir ein Ziel, weil dies von uns erwartet wird, oder bestreiten wir einen Weg, welchen wir für uns bewusst gewählt haben?

Diese Fragen sind durchaus legitim und gehören zum Weg dazu. Nehmen Sie sich Zeit, um diese Fragen für sich selbst zu beantworten. Treffen Sie keine übereilten Entscheidungen, nur weil es gerade etwas anspruchsvoller ist. Gehen Sie jeden Schritt bewusst und stellen Sie für sich fest, ob Sie Ihren Traum verfolgen. Denn wenn Sie wirklich Ihren Traum verfolgen, werden Sie auch die Kraft und den Willen aufbringen, um auf Durststrecken durchzuhalten und nicht aufzugeben.

Durststrecken gehören mit dazu. Unangenehme Etappen sind Teil Ihres Weges und geben Ihnen nicht nur die Möglichkeit, neue Dinge über sich und versteckte Kräfte in sich zu entdecken, sondern auch die angenehmen Etappen des Weges noch mehr genießen und wertschätzen zu können.

Fallen Sie auf Durststrecken nicht auf Fata Morganen herein, welche Ihnen mit der Komfortzone ein wunderschönes und entspanntes Leben vorgaukeln. Während der Durststrecke sind diese sehr verlockend – das weiß auch Ihr innerer Schweinehund und zieht aus diesem Grund alle Register.

Wenn es auf die „nette" Art und mit Fata Morganen nicht klappt, versucht er es auf die gemeine und holt die Selbstzweifel mit ins Boot. Lassen Sie sich von all diesen hinterhältigen Tricks nicht aus der Ruhe und von Ihrem Weg abbringen, sondern statten Sie sich mit ausreichend Motivation, Durchhaltevermögen und Kraft aus, um auf den Durststrecken durchzuhalten und nicht auf die gemeinen und hinterhältigen Tricks des inneren Schweinehundes hereinzufallen.

Bringen Sie Geduld mit, verlangen Sie nicht von sich selbst, sofort an Ihrem Ziel anzukommen, sondern lassen Sie sich Zeit, gönnen Sie sich Pausen und bremsen Sie ab und an Ihr Tempo. Ansonsten laufen Sie Gefahr, schneller die Lust und das Durchhaltevermögen zu verlieren und wieder in alte Muster zurückzufallen, bevor Sie das Wort „Durchhaltevermögen" überhaupt in den Mund nehmen können.

Seien Sie auf der einen Seite konsequent und beständig, lassen Sie sich auf der anderen Seite jedoch ausreichend Zeit.

DIE MACHT DES UNTERBEWUSSTSEINS

Ein wichtiger und äußerst fundamentaler Part, welchen sehr viele Menschen leider viel zu leichtfertig unterschätzen oder überhaupt nicht wahrnehmen, ist das Unterbewusstsein. Dieses spielt in Bezug auf unsere innere Einstellung, auf unsere Selbstliebe, unser Selbstwertgefühl, aber auch auf unsere Werte, Ansichten und Verhaltensweisen eine große und entscheidende Rolle.

Stellen Sie sich Ihr Unterbewusstsein einmal wie einen Schwamm vor. Ein Schwamm saugt viel Wasser in sich auf, ohne dass es aus ihm heraustropft. Je mehr Wasser der Schwamm in sich aufnimmt, umso schwerer wird er. Früher oder später kann er das Wasser nicht mehr halten und es läuft somit aus dem Schwamm aus.

Stellen Sie sich nun den Schwamm als Ihr Unterbewusstsein und alle Glaubenssätze und Aussagen, welche Sie sich selbst gegenüber tätigen, als das Wasser vor, das der Schwamm in sich aufnimmt. Sie sehen das Wasser im Schwamm nicht, doch es ist da. Je mehr Sie Ihr Unterbewusstsein mit Gedanken und Glaubenssätzen nähren, umso schwerer wird er, bis das Wasser irgendwann austritt und sich in Ihrem gesamten Körper verteilt. Im Falle des Unterbewusstseins fließen die Gedanken und Glaubenssätze in Ihre Ansichten und auch in Ihre Handlung. Sie fließen in Ihr Selbstwertgefühl und Ihre Selbstliebe und beeinflussen somit, wie Sie sich selbst und auch Ihren Mitmenschen gegenüber verhalten.

Leider füllen wir unser Unterbewusstsein viel zu oft und viel zu konstant mit negativen Glaubenssätzen, Selbstbeleidigungen und Erniedrigungen. Wir reden uns ein, nicht gut genug zu sein, nichts zu können, nichts wert zu sein und allgemein nie zum Erfolg zu kommen. Je öfter wir diese Glaubenssätze wiederholen, umso mehr fließen sie in das Unterbewusstsein und wirken sich auf unser gesamtes Leben aus. Dieses Phänomen trägt unter anderem auch die Bezeichnung der sich selbst erfüllenden Prophezeiung. Wenn wir uns selbst einreden, etwas nicht zu können, nichts zu schaffen und nie Erfolg haben werden, verhalten wir uns automatisch so, dass wir auch wirklich nicht zum Erfolg kommen.

Wie Sie sehen, besitzt das Unterbewusstsein eine sehr große Macht über Ihr tägliches Verhalten und Ihren Erfolg, sodass Sie den Schwamm, welcher voller negativer Gedanken und Glaubenssätze steckt, auswringen und erneut mit positiven Gedanken und Glaubenssätzen füllen müssen.

Dieser Prozess braucht Zeit. Denken Sie erneut an den Schwamm. Ist er einmal voll mit Wasser, braucht er Zeit, bis er wieder trocknet und für neue Glaubenssätze aufnahmefähig ist. Verbannen Sie die negativen Ansichten, Selbstbeleidigungen und Glaubenssätze aus Ihrem Leben und füllen Sie den Schwamm mit positiven Ansichten, fröhlichen und positiv formulierten Affirmationen sowie Selbstliebe und Selbstwertgefühl.

Natürlich dauert es seine Zeit, bis sich der Schwamm so stark mit Wasser vollsaugt, dass das Wasser aus ihm heraustritt und sich die positive Einstellung in Ihrem Leben etabliert und Sie sich somit vollkommen selbstverständlich mit Selbstliebe behandeln und positiv eingestellt durch das Leben gehen.

Geben Sie sich die Zeit, das Unterbewusstsein von der negativen Dunkelheit zu befreien und erfüllen Sie es nach und nach immer mehr mit positiven, warmen und hellen Sonnenstrahlen.

Das Neuro-Linguistische Programmieren (NLP) stellt eine Sammlung von Kommunikationstechniken und Methoden dar, mit welchen Sie Ihr Unterbewusstsein umprogrammieren und die psychischen Abläufe in Ihrem Gehirn somit verändern können.

Der Themenbereich des NLP stellt ein sehr großes und umfangreiches Gebiet dar, doch grundsätzlich finden sich in ihm viele unterschiedliche Methoden, mit welchen Sie Ihr Unterbewusstsein so programmieren können, dass Sie sich wohlfühlen, positiv eingestellt durch das Leben gehen und zum Erfolg kommen.

Bereits ein paar kleine Übungen können Ihnen dabei helfen, die Negativität aus Ihrem Leben zu verbannen und eine positive Einstellung sich selbst und unterschiedlichen Situationen Ihres Lebens gegenüber zu entwickeln:

1. Sagen Sie „Ja" zu sich selbst, reißen Sie die Arme in die Luft und rufen Sie laut, immer und immer wieder, „Ja". Saugen Sie das positive Gefühl und die Energie, welche hinter diesem „Ja" steckt, in sich auf und lassen Sie es auf sich wirken.
2. Lachen Sie – grinsen Sie sich breit in Ihrem Spiegel an. Vielleicht mögen Sie sich im ersten Moment etwas komisch dabei vorkommen, doch die Wissenschaft hat herausgefunden, dass das Lachen – die reine Bewegung der Mundwinkel nach oben – Glückshormone in Ihrem Gehirn freisetzt. Diese Glückshormone tragen anschließend zur Besserung Ihrer Stimmung, einem deutlich besseren Wohlbefinden und einer allgemein positiveren Einstellung sich und dem Leben gegenüber bei. Lachen Sie nicht nur sich selbst an, sondern lächeln Sie auch Ihre Mitmenschen an.
3. Behandeln Sie sich mit Liebe und Fürsorge. Machen Sie sich Komplimente und beglückwünschen Sie sich für Erfolge. Seien Sie selbst Ihr leidenschaftlichster Liebhaber, Verehrer und Bewunderer. Nur wenn Sie sich selbst lieben und sich

selbst gut behandeln, können Sie sich auch wirklich von anderen Menschen lieben lassen.

4. Halten Sie in einem Dankbarkeits- und/oder Erfolgstagebuch am Ende eines jeden Tages fest, für welche 5 Dinge Sie an dem Tag dankbar waren und welche Erfolge Sie verzeichnen konnten. Nehmen Sie sich die wenigen Minuten kurz vor dem Einschlafen und merken Sie, wie sich Ihr Blick nach und nach immer mehr von den negativen Aspekten des Tages entfernt und Ihnen direkt die positiven und schönen Ereignisse in den Sinn kommen.

5. Spielen Sie in Momenten, in denen Sie merken, dass die negative Einstellung sich und Ihres Lebens gegenüber die Überhand gewinnt, motivierende Musik ab, zu welcher Sie tanzen oder zu welcher Sie lauthals mitsingen.

6. Nutzen Sie positive Affirmationen und sagen Sie sich diese immer und immer wieder wie ein Mantra vor. Wiederholen Sie die positiven Aussagen nach dem Aufstehen, im Bus auf dem Weg zur Arbeit, während des Mittagessens oder auch vor dem Einschlafen, sodass Sie sich immer mehr in das Unterbewusstsein eingraben und die Negativität verbannen. Sobald ein negativer Gedanke, ein Selbstzweifel oder ein anderer negativer Glaubenssatz im Anflug ist, stellen Sie Ihr Schutzschild in Form der positiven Affirmationen auf und geben Sie der Negativität keine Chance.

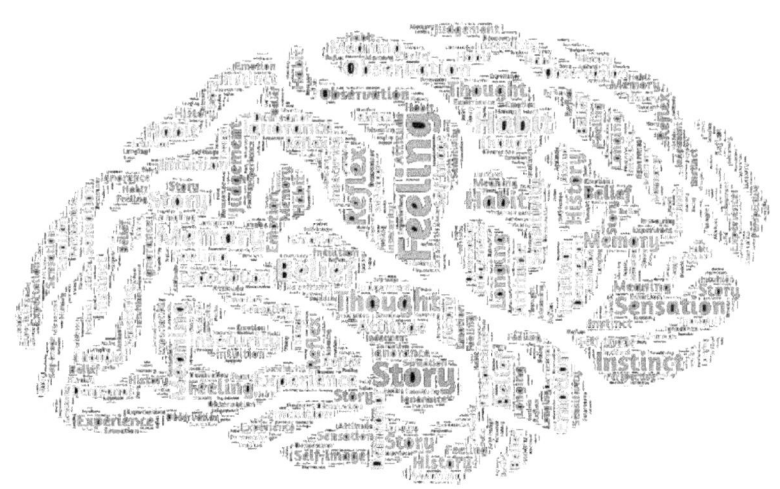

MENTALE BLOCKADEN UND WIE SIE SIE LÖSEN

Vielleicht kennen Sie die Situation:

Die Motivation ignoriert Sie und beglückt Sie nicht mit ihrer Anwesenheit, Sie haben Kopfweh, Sie sind nervös und allgemein haben Sie gar keine Lust, irgendetwas zu machen, obwohl Sie doch eigentlich Ihr Ziel fest vor Augen haben.

Grundsätzlich stehen Ihre mentalen Blockaden in einem engen Verhältnis zu Ihrem Unterbewusstsein – um genau zu sein, entspringen Ihre mentalen Blockaden Ihrem Unterbewusstsein, sodass Sie bereits durch die Umprogrammierung des Unterbewusstseins Ihre mentalen Blockaden lösen.

Wieso kommen wir also nicht ins Handeln? Wieso blockieren wir uns und stehen uns somit selbst im Weg? Wenn wir eine innere Blockade haben, haben wir das Gefühl, vor einer großen und dichten Mauer ohne Tür zu stehen und nicht durch sie durchgehen zu können.

Es liegt also in Ihrer Hand, die Tür in die Mauer einzulassen und die mentalen Blockaden zu überwinden. Die mentalen Blockaden bauen Sie sich, Stein für Stein, selbst auf und wissen somit auch bestens, wie sie beschaffen sind. Aus diesem Grund liegt es auch in Ihrer Hand, die Tür zu bauen und die mentale Blockade hinter sich zu lassen.

DIESE MENTALEN BLOCKADEN GIBT ES UND SO ERKENNEN UND LÖSEN SIE SIE

Mentale Blockaden sind ganz schön gemein und geben Ihnen das Gefühl, wie gelähmt zu sein. Mentale Blockaden geben Ihnen das Gefühl, auf der Stelle zu treten oder sogar zurückzufallen und nichts an Ihrem Leben ändern sowie nicht an Ihren Wünschen und Träumen arbeiten zu können.

All diese mentalen Blockaden, mit welchen Sie möglicherweise zu kämpfen haben, entspringen Ihrem Unterbewusstsein und äußern sich nicht nur mental, sondern bringen auch körperliche Folgen mit sich, mit welchen Sie sich auseinandersetzen und beschäftigen müssen.

Körperlich	• Kopfweh • Verspannungen im Nacken- und Schulterbereich • Schmerzen im Rücken • Probleme im Magen-Darm-Trakt • Schlafprobleme
Seelisch	• Sie haben keinen Antrieb • Sie finden keine Motivation • Sie fühlen sich erschöpft und niedergeschlagen • Sie leiden unter Depressionen • Sie haben keine Energie • Sie werden schnell wütend und ärgern sich schnell über Dinge • Panik- und Angstattacken machen Ihnen das Leben schwer und belasten Sie. • Sie machen sich viele Sorgen und malen sich immer Katastrophen-Szenarien aus.
Ihr Leben und Ihre Handlungen	• Sie kommen nicht zum Erfolg. • Sie erreichen die Ziele, welche Sie sich gesetzt haben, nicht. • Sie haben finanzielle Schwierigkeiten. • Sie scheitern in zwischenmenschlichen Beziehungen.

Natürlich müssen nicht alle genannten Punkte auf Sie und Ihr Leben zutreffen, doch sie stellen wichtige Anzeichen für das Vorhandensein mentaler Blockaden in Ihrem Leben dar.

Um die Blockaden lösen zu können, müssen Sie Ihren Feind kennen und somit wissen, welcher Ursache die Blockaden entspringen. Welche Steine haben Sie genutzt, um die Mauer der Blockade zu bauen? Setzt sich die Mauer aus negativen Glaubenssätzen, einem mangelnden Selbstbewusstsein und Selbstzweifeln zusammen? Haben Sie die Steine mit negativen Erfahrungen zusammengeklebt und so die Mauer gebaut?

Was prägt Ihre mentalen Blockaden? Nicht selten findet sich die Ursache der mentalen Blockaden bereits in Ihrer Kindheit. Vielleicht können Sie sich nicht bewusst an prägende Ereignisse erinnern, doch Ihr Unterbewusstsein dafür umso mehr.

Negative Glaubenssätze

Eine sehr große und nicht zu unterschätzende Ursache für innere Blockaden stellen negative Glaubenssätze dar. Diese entwickeln sich nicht einfach so, sondern finden ihren Ursprung oft in Ihrer Kindheit. Vielleicht kennen Sie die Sätze „Das kannst du nicht!", „Dafür bist du noch zu klein.", „Das kannst du gar nicht schaffen."

Das Umfeld aus Ihrer Kindheit – seien es die Eltern oder auch andere Kinder, welche Sie gemobbt haben – frisst sich immer tiefer in Ihr Unterbewusstsein ein, sodass Sie auch im späteren Leben unbewusst diesen Glaubenssätzen folgen.

Alle Dinge, die Sie in Ihrer Kindheit hören, festigen sich in Ihrem Unterbewusstsein. So prägt Sie ein negativ gestimmtes Umfeld genauso wie eine positive Umgebung. Der Unterschied besteht darin, dass negative Glaubenssätze und Aussagen aus Ihrer Kindheit in mentalen Blockaden resultieren, während sich ermutigende und positive Aussagen sowie Umgebungen in Selbstbewusstsein und Erfolgsorientiertheit äußern.

Um Ihre Glaubenssätze zu enttarnen und anschließend aufzulösen und somit aus Ihrem Unterbewusstsein zu verbannen, helfen Ihnen ein paar wenige wichtige Schritte:

1. Nehmen Sie den negativen Glaubenssatz bewusst auf und halten Sie ihn schriftlich fest.
2. Nehmen Sie den Glaubenssatz an, lesen Sie ihn sich vor und erleben Sie die Gefühle, welche sich dabei in Ihnen breitmachen, bewusst.
3. Stellen Sie Ihrem Glaubenssatz die Gegenfrage. Gehen Sie nicht automatisch davon aus, dass er der Realität entspricht, sondern zweifeln Sie seine Richtigkeit an.
4. Verwandeln Sie Ihren negativen Glaubenssatz in eine positive Affirmation. Wie Sie das machen, haben Sie bereits in einem der oberen Kapitel gelernt.
5. Bombardieren Sie den negativen Glaubenssatz mit den positiven Affirmationen und Aussagen, welche ihm zeigen, dass er nicht der Wahrheit entspricht und somit kein Gewicht in Ihrem Unterbewusstsein und erst recht nicht in Ihrem Leben hat.

Verdrängte Emotionen

Kennen Sie das? Sie brodeln vor Wut, lassen sie jedoch nicht zu, da sie nicht zeigen wollen, dass Sie wütend sind? Sie sind enttäuscht, bringen diese Enttäuschung jedoch nicht zum Ausdruck?

Sie verdrängen Gefühle und lassen Sie aus diesem Grund nicht zu. Als „negativ" angesehene Emotionen verdrängen Sie voll und ganz, doch auch positive Emotionen (wie Glück und Freude) lassen Sie nicht zu.

Was passiert, wenn Sie Emotionen nicht annehmen, leben und anschließend ziehen lassen? Genau das, was mit den negativen Gedanken und Glaubenssätzen in Ihrem Unterbewusstsein passiert – die Emotionen stauen sich immer und immer mehr auf, bis das Fass dem Druck irgendwann nicht mehr Stand hält und explodiert.

Das Problem der verdrängten Emotionen besteht darin, dass sie den Spruch „Aus den Augen, aus dem Sinn" nicht kennen und sich somit durch das Ignorieren nicht einfach so in Luft auflösen. Sie stauen sich auf und bauen früher oder später eine innere Blockade auf.

Umso wichtiger ist es also, dass Sie Gefühle annehmen und bewusst zulassen. Negative Emotionen mögen nicht angenehm zu spüren sein, sind aber für Ihren Prozess der Persönlichkeitsentwicklung und vor allem für Ihr tägliches Leben, Ihren Erfolg und Ihr Wohlergehen äußerst wichtig.

NEGATIVE GEDANKEN

Zu guter Letzt bilden auch negative Gedanken, Sorgen und Ängste große innere Blockaden, mit welchen Sie anschließend zu kämpfen haben. Sie halten viel zu sehr an der Frage „Was wäre, wenn …?" fest und malen sich alle möglichen Szenarien und Situationen aus, welche auf dem Weg schiefgehen könnten. Mit Ihren Szenarien könnten Sie den bekanntesten und begabtesten Drehbuchautoren Konkurrenz machen und halten sich selbst vom Handeln ab.

Das Gefühl der Angst stellt einen wichtigen Bestandteil der Menschheit dar, da sie uns warnt und uns im Notfall rettet. Artet die Angst allerdings aus und erleben Sie sie übertrieben, schützt Sie die Angst nicht mehr, sondern sie blockiert Sie.

Doch wie werden Sie die negativen Gedanken los?

1. Entwickeln Sie Bewusstsein und merken Sie, wenn Sie negative Gedanken haben
    Sie sind inzwischen so sehr an das Vorhandensein der negativen Gedanken in Ihrem Leben gewöhnt, dass Sie gar nicht mehr bewusst wahrnehmen, wenn

sich negative Gedanken in Ihr Leben schleichen und Sie somit blockieren. Entwickeln Sie aus diesem Grund das Bewusstsein für die negativen Gedanken und erleben Sie sie bewusst.

2. <u>Schauen Sie sich den negativen Gedanken genauer an</u>
   Unterdrücken Sie den Gedanken nicht, sondern nehmen Sie ihn an und schauen Sie etwas genauer hin. Was steckt hinter dem Gedanken? Welcher Quelle entspringt er? Heißen Sie den Gedanken willkommen, nehmen Sie ihn an und analysieren Sie ihn. Stellen Sie sich die Frage, in welcher Situation Sie sich befinden, wie Sie sich fühlen und finden Sie somit die Quelle, welcher der negative Gedanke entspringt.

3. <u>Tauschen Sie den negativen Gedanken aus</u>
   Wie schon in Bezug auf die Affirmationen beschrieben, steckt in jedem negativen Gedanken und in jeder negativen Aussage, so negativ sie auch zu sein scheint, ein positives Potenzial. Nutzen Sie dieses Potenzial und tauschen Sie jeden negativen Gedanken durch einen positiven aus.

FEIERN SIE IHRE ERFOLGE

Mit der Persönlichkeitsentwicklung begeben Sie sich auf eine Reise, welche immer mit der Bereitschaft der Veränderung einhergeht. Wenn Sie sich auf die Reise der Persönlichkeitsentwicklung begeben, durchlaufen Sie immer mindestens eine Veränderung, welche viel Kraft und Durchhaltevermögen von Ihnen verlangt.

Ganz unabhängig davon, dass Sie die Veränderung aus einem positiven Grund heraus durchlaufen und den Erfolg, Ihr Glück und Ihr Wohlbefinden anstreben, verlangen eine Veränderung und der Prozess der Persönlichkeitsentwicklung immer ein Verlassen Ihrer Komfortzone. Sie verlassen eine Situation bzw. eine Gegebenheit, in welcher Sie vielleicht nicht unbedingt glücklich sind, mit welcher Sie jedoch vertraut sind und sich demnach in Sicherheit wiegen.

Aus diesem Grund fällt es nicht immer leicht, diese Veränderung zu durchlaufen, selbst wenn Sie Erfolge erzielen und Ihrem Ziel immer näherkommen. Jeder Schritt nach vorne bedeutet für Sie im ersten Moment einen Schritt ins Ungewisse. Sie gehen jeden Tag weitere Zentimeter und wissen nicht genau, was Sie erwartet. Das kann auf die Dauer sehr anstrengend und fordernd sein, weshalb es umso wichtiger ist, dass Sie Erfolge feiern. Feiern Sie das Erreichen eines Meilensteins und holen Sie sich somit die Motivation, welche Sie brauchen, um weiterhin am Ball zu bleiben.

Indem Sie Ihre Erfolge feiern und sich mit etwas, das Ihnen wirklich Freude bereitet, belohnen, bestätigen Sie sich selbst immer wieder, dass Sie mit der Veränderung in Ihrem Leben den richtigen Entschluss gefasst haben. All die Anstrengungen, die Arbeit und die Kraft, welche Sie in diesen einschneidenden und verändernden Prozess stecken, zahlen sich aus.

Es ist eine Sache, sich selbst zu sagen, dass man einen weiteren Meilenstein erreicht hat und es ist eine vollkommen andere Sache, diesen Meilenstein zu feiern, sich selbst für das Erreichen des Ziels zu feiern und zu loben und sich somit zu signalisieren: „Yeah! Ich bin gut, ich habe es geschafft. Ich bin meinem Ziel einen weiteren Schritt nähergekommen!"

Feste muss man feiern, wie sie fallen! Feiern Sie Ihre Erfolge, wenn Sie einen Meilenstein auf der Reise zu Ihrem Erfolg erreicht haben. Seien Sie stolz auf sich und belohnen Sie sich. Schmeißen Sie eine Party, gehen Sie mit Freunden brunchen, bestellen Sie sich eine leckere Pizza, kaufen Sie sich die Jacke, von der Sie schon so lange träumen oder gönnen Sie sich das Wochenende im Wellness-Hotel, um einmal richtig zu entspannen und neue Kraft und Energie für den nächsten Wegabschnitt zu sammeln.

Feiern Sie die kleinen Erfolge und finden Sie somit die Motivation und die Kraft, um Ihr Ziel zu erreichen. Warten Sie nicht, bis Sie Ihr Ziel endgültig erreicht haben, sondern klopfen Sie sich unterwegs selbst auf die Schulter, gönnen Sie sich den Erfolg und gestehen Sie sich vor allem ein, dass SIE – Sie ganz alleine – den Weg gegangen sind, sich den Herausforderungen gestellt haben und Ihrem Ziel immer näherkommen. Nicht irgendein Zufall oder das Schicksal hat Sie an die Stelle gebracht, an welcher Sie stehen, sondern Sie haben es geschafft, mit Ihrer Kraft, Ihrem Willen und Ihrer Einstellung, die einzelnen Wegstrecken zu bestreiten und Ihrem Ziel somit immer näher zu kommen.

WIE SIE ERFOLGE AM BESTEN FEIERN

Kurz und knapp gesagt ist es jedem Menschen selbst überlassen, auf welche Art und Weise er seine Erfolge feiert. Was macht Sie glücklich? Was haben Sie sich immer schon gewünscht? Was ist eine Sache, welche Sie sich sonst nicht erlauben?

Wählen Sie für Ihre Belohnung etwas, das Sie sich nicht immer gönnen und das für Sie somit den Status einer „Besonderheit" darstellt. Belohnen Sie sich mit kleinen Dingen oder wählen Sie auch größere Dinge, wenn Sie besonders stolz auf sich sind und Ihren Erfolg besonders gebührend feiern wollen. Niemand hat das Recht Ihnen zu sagen, dass Sie Ihren Erfolg nicht ausreichend oder zu groß feiern. Nur Sie ganz alleine entscheiden und urteilen darüber, was angemessen ist, um Ihren Erfolg zu feiern.

PERSÖNLICHKEITSENTWICKLUNG FÜR KINDER

Wie Sie bereits aus einigen vorherigen Kapiteln des Buches wissen, prägen vor allem die Ereignisse in der Kindheit eines Menschen die Gedanken und die Glaubenssätze, welche später auch die Persönlichkeit definieren und unter Umständen in einer positiven oder negativen Einstellung resultieren.

Umso wichtiger ist es, dass Kinder in einer positiven Umgebung aufwachsen, in welcher sie sich frei entfalten und entwickeln können. Es ist wichtig, dass Kinder mit einer positiven Grundstimmung aufwachsen und den Grundstein für ein gesundes Selbstbewusstsein, die Selbstliebe und auch das Selbstwertgefühl in jungen Jahren legen.

Während Erwachsene ihre Persönlichkeitsentwicklung selbst in der Hand haben, sind Kinder von ihren Eltern oder anderen Bezugspersonen abhängig. Kinder wissen nicht, was „Persönlichkeitsentwicklung" bedeutet und können mit dem Begriff somit so gut wie nichts anfangen.

Kinder nehmen auch nicht bewusst wahr, wie ihr Umfeld ihre Persönlichkeit prägt – viele Erwachsene sind sich nicht bewusst darüber, welchen großen Einfluss die Kindheit auf die Persönlichkeit, die Selbstliebe und das Selbstwertgefühl im Erwachsenenalter hat.

Wie hilft man nun Kindern in ihrer Persönlichkeitsentwicklung? Wie geht man als Erwachsener am besten mit Kindern um, um sie zu fördern und dabei zu unterstützen, zu selbstbewussten, sich selbst liebenden und positiv eingestellten Erwachsenen heranzuwachsen? Eine einfache und richtige Antwort auf diese Frage lautet: Indem Sie es dem Kind vorleben. Leben Sie Kindern vor, was es bedeutet, sich selbst zu lieben, positiv eingestellt zu sein, sich selbst zu ermutigen, an sich zu glauben und alles erreichen zu können, was man sich vornimmt.

Unterstützen Sie Kinder, ermutigen Sie sie, sagen Sie ihnen, dass Sie sie sehen, dass Sie ihre Bemühungen, ihre Kraft und ihren Willen sehen, lenken Sie den Blick auf positive Aspekte und verzichten Sie auf negative Aussagen.

Das heißt nicht, dass Sie einem Kind nicht sagen dürfen, wenn etwas falsch ist, doch der Ton macht die Musik. Es kommt immer darauf an, wie Sie etwas sagen. Wirft Ihr Kind mit einem Stein nach etwas, ist das durchaus gefährlich. Anstatt zu sagen „Das darfst du nicht. Mach das nie wieder!", finden Sie das Positive in der Situation. „Ich sehe, dass du ganz viel Kraft hast – das ist toll! Achte aber bitte darauf, dass du den

Stein in eine Richtung wirfst, in welcher niemand steht, sonst könntest du jemanden verletzen."

Beide Sätze teilen dem Kind mit, dass es jemanden hätte verletzen können, doch der zweite Satz nährt das Unterbewusstsein des Kindes mit positiver Energie, während der erste Satz Selbstzweifeln immer mehr Fressen gibt und früher oder später dazu führt, dass das Kind nicht mehr probiert, entdeckt und lernt, sondern das Gefühl bekommt, nichts zu können und nichts zu dürfen.

Ein weiterer wichtiger Aspekt in Bezug auf die Persönlichkeitsentwicklung stellt das Zulassen von Gefühlen dar. Kinder haben von Natur aus keine Angst davor, ihre Gefühle zu zeigen – nicht immer können sie sie verbalisieren, weshalb Sie als Erwachsener in solchen Momenten helfen sollten:

1. Sagen Sie einem Kind nie „Weine nicht!", „Hör auf zu weinen!", „Es besteht gar kein Grund, jetzt so zu heulen!" und verbieten ihm somit seine Gefühle. Das Unterdrücken der eigenen Gefühle kann früher oder später dazu führen, dass das Kind im Jugendalter oder auch erst im Erwachsenenalter mit inneren Blockaden zu kämpfen hat.

2. Helfen Sie Ihrem Kind dabei, Gefühle zuzulassen, anzunehmen und anschließend loszulassen. Kann Ihr Kind die Gefühle noch nicht selbst verbalisieren, übernehmen Sie das für das Kind. Sagen Sie ihm „Ich sehe, dass du traurig bist" oder verpacken Sie es als Frage, indem Sie das Kind fragen „Macht dich gerade etwas traurig/wütend/etc.?" Mit Fragen kommen Sie den Gefühlen Ihres Kindes auf den Grund und helfen ihm somit nicht nur zu erkennen, dass Gefühle – sowohl positive als auch negative – etwas sind, wovor sie keine Angst haben müssen, sondern dass es sich um eine Sache handelt, welche sie zulassen dürfen und sollten.

3. Begleiten Sie Ihr Kind. Drängen Sie sich nicht auf, aber seien Sie da. Sagen Sie Ihrem Kind, dass Sie da sind und setzen Sie sich in seine Nähe, wenn es Sie gerade nicht in den Arm nehmen und sich nicht trösten lassen möchte. Es ist wichtig, dass Ihr Kind weiß, dass Sie da sind und es zu jeder Zeit zu Ihnen kommen kann, wenn es sich von seinen Gefühlen übermannt fühlt.

Grundsätzlich umfasst die Persönlichkeitsentwicklung für Kinder alle Bereiche, welche in den vorherigen Kapiteln erläutert wurden. Je mehr ein Kind in seiner Kindheit in seinem Sein bestärkt, in seinen Interessen gefördert und mit seinen Gefühlen unterstützt wird, umso weniger Probleme wird es später mit negativen Glaubenssätzen und Gedanken haben und umso selbstsicherer wird es durch das Leben gehen, seine Ziele setzen und sie mit viel Selbstliebe, Selbstbewusstsein und Selbstverantwortung verfolgen.

Sie als Elternteil legen in den ersten Lebensjahren Ihres Kindes den Grundstein für das Selbstbewusstsein und das Selbstwertgefühl sowie für die Selbstliebe und die Einstellung, welche Ihr Kind durch das gesamte Leben begleiten wird. Es liegt in Ihrer Hand, Ihrem Kind bereits eine positive Einstellung sich selbst gegenüber mit auf den Weg zu geben und es dabei zu unterstützen, die Wege einzuschlagen, welche es einschlagen möchte und sich für seine Meinung, seine Wünsche und Bedürfnisse einzusetzen.

Mit nur wenigen täglichen Aktionen beeinflussen Sie die Selbstliebe und das Selbstwertgefühl sowie das Selbstbewusstsein Ihres Kindes auf nicht geringe Art und Weise und unterstützen es im Prozess der Persönlichkeitsentwicklung.

REDEN SIE ÜBER GEFÜHLE

Zeigen Sie Ihre Gefühle ganz klar und deutlich. Natürlich ist es in diesem Zusammenhang wichtig, eine gute Balance zu finden und Ihrem Kind zu zeigen, dass auch Sie traurig oder wütend werden, glücklich und zufrieden sind, ohne es mit Problemen zu belasten, welche es nicht verstehen kann und auch nicht für Sie tragen darf und kann.

Reden Sie nicht nur über Ihre eigenen Gefühle, sondern fragen Sie auch Ihr Kind, wie es sich fühlt. Je kleiner Ihr Kind ist, umso weniger wird es seine Gefühle in Worte fassen können. Unterstützen Sie Ihr Kind, indem Sie seine Gefühle verbalisieren und durch das sogenannte „Spiegeln" seiner Gefühle nicht nur selbst herausfinden, was Ihr Kind fühlt und bewegt, sondern helfen Sie Ihrem Kind auch auf diese Art zu verstehen, was es fühlt.

Eine gute Übung für diese Zwecke stellt das gemeinsame Reflektieren des Tages dar. Bevor Sie Ihr Kind zu Bett legen, fragen Sie es, wie es den Tag wahrgenommen hat, was es glücklich oder auch traurig gemacht hat und hören Sie ihm zu. Haben Sie Geduld, hören Sie zu und geben Sie Ihrem Kind somit das Gefühl, gesehen und gehört zu sein, weil es wichtig ist.

Zeigen Sie Interesse an Ihrem Kind, seinen Gefühlen, seinen Hobbys und seinen Interessen.

Lassen Sie sich auf das Spiel mit Ihrem Kind ein. Die Frage „Mama/Papa, willst du mit mir spielen?" ist eine Bitte Ihres Kindes danach, Ihnen auf seine ganz eigene Art und Weise seine Welt und seine Gefühle zeigen zu können.

Spielen Sie, lassen Sie sich Hobbys zeigen und nehmen Sie am Leben Ihres Kindes aktiv teil. Zeigen Sie ihm, dass seine Interessen und seine Gefühle wichtig sind.

BEMERKEN SIE POSITIVE HANDLUNGEN

Achtung! Dieser Tipp ist nicht mit dem Belohnungsdenken zu verwechseln, welches absolut nicht angemessen ist und Kindern ein vollkommen falsches Bild über Arbeit, Leistung und Belohnung vermittelt. Verzichten Sie darauf, Ihr Kind für gute Noten zu belohnen oder es zu loben, weil es aufgegessen hat, sondern loben Sie es für sein Durchhaltevermögen, für seinen Willen, den Lernstoff zu lernen, für seine Entschlossenheit. Loben Sie immer die Handlung und nicht eine abstrakte Note.

AUS NEGATIV WIRD POSITIV

Formulieren Sie negative Verhaltensweisen, wie das Werfen von Steinen, positiv und sagen Sie Ihrem Kind, dass Sie sehen, dass es sehr viel Kraft hat. Schreien Sie es nicht an und sehen Sie auch von Bestrafungen ab. Die Handlungen Ihres Kindes sind oft das Resultat einer Überladung von Gefühlen. Ihr Kind weiß nicht, wie es mit den Gefühlen umgehen soll und handelt dann oft, ohne genau zu wissen, welche Folgen sein Verhalten mit sich bringen kann. Bieten Sie Alternativen an und begleiten Sie Ihr Kind durch die Gefühle, welche es spürt und welche ihm vielleicht sogar etwas Angst machen.

LASSEN SIE IHR KIND NEUES AUSPROBIEREN

Unterstützen Sie Ihr Kind, wenn es neue Dinge probieren und somit seinen Horizont erweitern möchte. Übertragen Sie Ihre Ängste oder möglicherweise auch negative Erfahrungen aus Ihrem Leben nicht auf Ihr Kind. Ihr Kind ist nicht Sie und Sie sind nicht Ihr Kind. Wer sagt Ihnen, dass Ihr Kind nicht auf einem Weg, welchen Sie nie gehen würden oder auf welchem Sie gescheitert sind, erfolgreich sein wird?

Ermutigen Sie es dazu, neue Schritte zu gehen und kommunizieren Sie ganz klar und deutlich, dass es sich immer auf Sie verlassen kann. Drängen Sie sich nicht auf, sodass das Kind das Gefühl bekommt, nicht ohne Ihre Hilfe klarzukommen, doch sagen Sie ihm, dass Sie da sind und helfen, wenn es Ihre Hilfe brauchen sollte. Alleine das Bewusstsein, dass Sie an Ihr Kind glauben und für es da sind, verleiht Ihrem Kind ein sehr großes Selbstbewusstsein und gibt ihm die Motivation, welche es für das Erreichen neuer Ziele braucht.

Ich habe dich lieb!

Sagen und zeigen Sie Ihrem Kind, dass Sie es bedingungslos lieben – ganz egal, was passiert. Nehmen Sie es mindestens einmal am Tag in den Arm und sagen Sie ihm, dass Sie es liebhaben. Vor allem in Momenten, in denen Ihr Kind Sie wütend macht oder Sie erschöpft sind, zeigen Sie ihm, dass Sie es liebhaben. Ihr Kind bekommt somit das Bewusstsein darüber, dass Sie es immer lieben – bedingungslos.

Packen Sie Ihr Kind nicht in Watte

Sicherlich haben Sie als Elternteil die Verantwortung dafür, Ihr Kind zu schützen. Packen Sie es jedoch nicht in Watte. Sie können Ihr Kind behüten und beschützen, sollten aber dennoch zulassen, dass es seine eigenen Erfahrungen macht und die Welt kennenlernt. So wächst es heran und über sich hinaus, ohne später einen Schock zu bekommen, weil es mit der wahren Welt konfrontiert wird.

Seien Sie dabei immer an der Seite Ihres Kindes und sagen Sie ihm, dass Sie immer wieder gemeinsam mit ihm aufstehen und ihm helfen werden. Ermutigen Sie Ihr Kind, durchzuhalten und immer weiterzumachen, ohne aufzugeben. Zeigen Sie Ihrem Kind, dass Sie an es glauben und es alles schaffen kann, was es will. Es ist vollkommen in Ordnung hinzufallen – zeigen Sie Ihrem Kind, dass es die Kraft hat, wieder aufzustehen und Sie zu jeder Zeit bereit sind, ihm die Hand zu reichen und ihm aufzuhelfen.

Persönlichkeitsentwicklung für Frauen

So gerne wir es auch hätten – wir sind in der heutigen, modernen und sich immer weiter entwickelnden Gesellschaft noch nicht so weit, dass wir stolz von uns behaupten können, die Gleichberechtigung zwischen Mann und Frau erreicht zu haben.

Immer noch werden Frauen oft als das schwache Geschlecht angesehen und in vielen Kulturen außerhalb der westlichen Welt (aber teilweise auch noch in der westlichen Welt) erfahren Frauen nicht die Wertschätzung, welche sie verdienen und werden unterdrückt.

Ein umso wichtigeres Thema stellt aus diesem Grund die Persönlichkeitsentwicklung für Frauen dar. Oft leben Frauen in einem inneren Konflikt, haben das Gefühl, sich im Job verstellen zu müssen, um gegen die Männer ankommen zu können und denken, dass Sie Job und Haushalt perfekt mit der Kindererziehung vereinbaren müssen. Diese hohen Anforderungen und das Gefühl, nicht genug zu sein, nie das Ziel zu erreichen und sich im Kreis zu drehen, führt bei vielen Frauen auf lange Sicht gesehen zu einem Zustand der Erschöpfung, des Stresses und endet in einigen Fällen sogar mit Burnout.

Umso wichtiger ist es, dass Sie sich als Frau bewusst darüber werden, dass Sie unglaublich wertvoll sind, so wie Sie sind. Sie sind perfekt und Sie müssen sich nicht verstellen oder verstecken, um gut zu sein und um zu genügen.

Grundsätzlich spielen für die Persönlichkeitsentwicklung der Frauen all die im Buch genannten Aspekte eine wichtige Rolle, wobei es wichtig ist, dass sich Frauen darüber bewusst werden, sich als Frau nicht gegen Männer behaupten zu müssen, sondern alleine mit ihrem „Sein" als Frau genügen.

Sie müssen sich nicht gegen das andere Geschlecht behaupten und Sie müssen sich erst recht nicht verstellen, um anerkannt und wertgeschätzt zu werden. Sie sind gut, so wie Sie sind. Kennen Sie das Lied „I am woman?" Ja, Nein? Wenn ja, wissen Sie, wie motivierend dieses Lied ist, wenn Sie sich wieder einmal in Selbstzweifeln vergraben und das Gefühl vermittelt bekommen, weniger wert zu sein, weil Sie eine Frau sind. Wenn Sie das Lied nicht kennen, sollten Sie es unbedingt anhören und in sich aufnehmen. Sie sind eine Frau. Sie sind wunderschön. Sie sind genug. Sie brauchen keinen Mann, um sich komplett zu fühlen. Sie müssen sich nicht ändern, um sich gegen Männer behaupten zu können.

Sagen Sie sich diese Sätze immer und immer wieder vor und arbeiten Sie an Ihrer inneren Einstellung sich selbst gegenüber.

Sie sind gut, so wie Sie sind. Werden Sie sich darüber bewusst, dass Sie es niemand anderem, außer sich selbst, recht machen müssen. Sie sind nicht weniger wert als der Mann in Ihrem Büro und Sie können die Arbeit nicht weniger gut ausführen, weil Sie eine Frau sind. Arbeiten Sie an Ihrem Selbstbewusstsein, werden Sie sich Ihrer Stärken bewusst und entwickeln Sie somit nicht nur Ihre Persönlichkeit, sondern auch Ihre Entscheidungsfreudigkeit immer weiter. Melden Sie sich zu Wort, wenn ein neues Projekt ansteht, stehen Sie für sich ein und zeigen Sie, welche Power in Ihnen steckt.

Natürlich handelt es sich bei der Entwicklung Ihrer Persönlichkeit und in diesem Zusammenhang Ihrer Ausstrahlung und Ihres Selbstbewusstseins um eine Reise und um einen Prozess. Dieser Prozess nimmt Zeit in Anspruch, doch mit einigen hilfreichen Tipps und Tricks nähern Sie sich Ihrem Ziel Schritt für Schritt.

1. **Nehmen Sie Ihr Leben in die Hand**
   Treffen Sie Ihre Entscheidungen für sich und weil Sie die Entscheidungen treffen wollen und nicht, weil Sie das Gefühl haben, dass bestimmte Handlungen und Verhaltensweisen von Ihnen erwartet werden, weil Sie eine Frau sind.

2. **Führen Sie sich Ihre Stärken vor Augen**
   Führen Sie sich immer wieder selbst vor Augen, in welchen Bereichen Ihre Stärken liegen. Haben Sie dabei keine Angst, selbstverliebt zu klingen. Selbstliebe und Selbstverliebtheit sind zwei grundsätzlich verschiedene Dinge. Seien Sie stolz auf sich und richten Sie Ihren Blick immer auf die Stärken, welche Sie ausmachen.

3. **Finden Sie Ihre Leidenschaft heraus**
   Finden Sie für sich heraus, was Ihnen besonders großen Spaß macht. Egal, ob es ein Hobby oder ein Beruf ist, welcher Ihnen diesbezüglich in den Sinn kommt. Machen Sie das, was Ihnen Spaß macht, gehen Sie in der Tätigkeit auf und fühlen Sie sich gut dabei. Wenn Sie sich gut fühlen, strahlen Sie das automatisch auch aus.

4. **Ändern Sie Ihre Sprache**
   Sie müssen nicht um etwas fragen oder betteln, wenn es eine Selbstverständlichkeit darstellt. Wie wendet sich Ihr männlicher Chef oder Arbeitskollege an Sie? Sicher nicht mit „Könnten Sie bitte, wenn es keine Umstände macht, möglicherweise das Konzept bis zum Nachmittag ausarbeiten und es mir dann schicken?"

   Die Formulierung fällt eher so aus: „Arbeiten Sie bitte das Konzept bis zum Nachmittag aus und schicken es mir dann!"

Nutzen auch Sie die Formulierungen und zeigen Sie somit, dass Sie wissen, was Sie brauchen und was Sie wollen. Sie sind kein Bittsteller, sondern Sie sind ein hochwertiger und wichtiger Bestandteil in Ihrem Job. Kommunizieren Sie klar und deutlich und begeben Sie sich nicht selbst in die Rolle des Bettlers.

5. **Ändern Sie Ihre Körperhaltung**

Wie heißt es doch so schön? Po und Brust raus, Bauch rein! Kopf hoch und Rücken durchstrecken. Ihre Körperhaltung wirkt sich nicht nur darauf aus, wie Ihre Mitmenschen Sie wahrnehmen, sondern sie beeinflusst auch Ihre Stimmung und Ihr Selbstbewusstsein.

Lassen Sie sich nie hängen, gehen Sie immer erhobenen Hauptes durch das Leben und spielen Sie zur Unterstützung Ihr motivierendes Lieblingslied mit Kopfhörern oder in Ihrem Kopf ab. Die Welt ist Ihr Laufsteg. Sie strahlen, Sie sind schön und selbstbewusst. Verstecken Sie sich nicht vor der Welt, sondern strahlen Sie. Lächeln Sie und fühlen Sie sich somit nicht nur besser, sondern stecken Sie auch andere Menschen mit Ihrem Lächeln an.

Schlusswort

Egal, ob Kind oder Erwachsene und egal, ob Mann oder Frau – jeder Mensch kann in seinem Leben Bekanntschaft mit Selbstzweifeln, mangelnder Selbstliebe und ausbleibendem Erfolg machen. Wichtig ist jedoch nicht, wie die Situation ist, sondern was Sie daraus machen. Wichtig ist, ob Sie in den Selbstzweifeln versinken, oder ob Sie die Situation in die Hand nehmen und handeln.

Mit den vielen hilfreichen Tipps und Tricks aus dem Buch wissen Sie, wo Sie starten können. Sie haben die Grundlagen in der Hand, um an Ihrer inneren Einstellung und folglich an Ihrer Ausstrahlung arbeiten zu können. Sie haben das Werkzeug in der Hand, welches Sie brauchen, um sich selbst besser reflektieren zu können und ins Handeln zu kommen. Sie können Ihre Reise zum Erfolg antreten und wissen, wie Sie mit Hürden und Rückschlägen umgehen, um sich nicht aus der Bahn werfen zu lassen.

Nun liegt es an Ihnen. Ob Sie erfolgreich werden, liegt ganz alleine in Ihrer Hand. Entwickeln Sie Ihre Persönlichkeit und arbeiten Sie an Ihrer inneren Einstellung, ist das Erreichen Ihrer Ziele und Ihres Erfolgs keine Frage des „ob Sie Ihr Ziel erreichen", sondern nur noch eine temporäre Frage.

Packen Sie es an und freuen Sie sich auf mehr Selbstliebe, ein größeres Selbstwertgefühl, Erfolg und Zufriedenheit.

GESCHENK FÜR SIE

Als Dankeschön dafür, dass Sie dieses Buch gekauft haben, habe ich hier ein Geschenk für Sie bereitgestellt. Es handelt sich um unser Buch „20 lebensverändernde Gewohnheiten".

Dieses E-Book ist der perfekte Begleiter zu Ihrem Buch. Dort werden Sie zahlreiche Tipps finden, mit denen Sie neue Gewohnheiten entwickeln können, sowohl in Ihrem Alltag als auch beim Sprachenlernen. Diese werden Ihnen bestimmt helfen, Ihr Leben zu optimieren.

Schon gespannt? Dann besuchen Sie die Seite über den unten angeführten Link und laden Sie Ihre Kopie herunter!

https://pld-publishing.de/geschenk/

Ich würde mich freuen, wenn Sie sich kurz 2 Minuten nehmen, um **eine Rezension auf Amazon zu hinterlassen**, so wie viele andere begeisterte Leser. Das wird uns helfen, immer besser zu werden, um Lesern wie Ihnen den besten Service zu bieten. Einfach den QR-Code scannen oder die Seite über den unten angeführten Link besuchen. Danke vielmals!

http://www.amazon.de/ryp

Ich hoffe, dass Sie viel gelernt haben, das würde mich auf jeden Fall erfüllen und weiter motivieren. Ich würde mich freuen, von Ihnen zu hören, deswegen können Sie gerne unsere Webseite oder Facebook-Seite besuchen:

https://pld-publishing.de

https://www.facebook.com/juancortes.coach

ANDERE BÜCHER VON